<그리스도인이면 꼭 알아야 할 성경 지식>

히브리서

제1권 구원을 잃어버릴 수 있는가?(1-6장)

서울솔로몬학교 성경연수원

차 례

이 책에 인용된 성경 구절은 〈한글킹제임스성경〉 입니다.

제1과
히브리서,
누구를 위한 책인가?

『그러므로 하늘의 부르심에 참여하는 거룩한 형제들아, 우리의 고백하는 바 사도이며 대제사장이신 그리스도 예수를 깊이 생각하라』(히 3:1).

과도기적인 책들

신약에는 소위 "어려운 책들"로 불릴 만한 네 권의 책이 있는데, 마태복음, 사도행전, 히브리서, 요한계시록이다. 사실 "요한계시록"은 사람들이 믿지 못해서 그렇지, 그 책에 기록된 내용을 문자 그대로 믿으면 결코 이해하기 어려운 책이 아니다. 오히려 나머지 "세 권의 책"이 더 어렵다. 이 책들은 문자적으로 해석해도 잘 해결되지 않기 때문이다. 이들 "어려운 책들"은 "과도기적인(전환기적인) 책들"로 불리기도 한다. 여기서 "어렵다"라고 하는 것은 정말로 깨닫기 어려워서 어렵다는 의미가 아니다. 오늘날 대부분의 교회와 신학교에서 목사들, 교수들, 신학자들, 주석가들이 그들의 무지와 믿음 없음 때문에 쓸데없이 걸려 넘어지고 잘못 해석하여 수많은 오류를 양산해 낸 결과 혼란스러우리만치 "어려운 책들"이 되고 말았다. 가장 큰 이유는 성령님께서 나누어 놓으신 원칙들을 무시했기 때문이다. 바꾸어 말해 성경을 올바르게 나누어 공부하면 이 책들은 "쉬운 책들"이 되는 것이다.

이렇듯 사람들이 "과도기적인 책들"에 대해 혼란을 느끼기 때문에, 이 책들에 나오는 말씀들과 주요 교리들은 단단한 "고기"(meat)로 분류된다. 성경의 기초 원리들과 같이 "젖"(milk)에만 익숙한 사람들은 이런 고기를 제대로 씹을 수도 없고, 소화할 능력도 없다(히 5:12-14). 그들은 기초를 떠나 온전한 성숙에 이르지 못한 사람들이다(히 6:1). 항상 배우지만 진리의 지식에는 이르지 못한채(딤후 3:7) 단 한 발짝도 앞으로 나아가지 못하고 있다(딤후 3:9). 이 모든 혼란의 원인은 "성경 공부의 제1원리"를 따르지 않았기 때문이다. 『네가 진리의 말씀을 올바로 나누어 자신이 하나님 앞에 부끄럽지 않은 일꾼으로 인정받도록 공부하라』(딤후 2:15).

히브리서 개요

1. 히브리서의 저자와 수신자

"사도 바울"(히 13:23,25)이 "A.D. 35년경"[1]에 성령 하나님의 영감을 받아(벧후 3:15,16) 기록했다.

"마지막 날들"(환란 시대)을 사는 "히브리인(유대인) 성도들"을 대상으로 기록했다.

『이 마지막 날들에 그의 아들을 통하여 우리에게 말씀하셨으니, 이 아들을 만물의 상속자로 세우시고, 또 그를 통하여 그분께서 세상들을 지으셨느니라』(히 1:2).

"마지막 날들"(last days)은 "교회 시대"가 아닌, "재림 직전의 일정 기간의

---

1) 히브리서 1-12장은 A.D. 35년경에, 마지막 13장은 A.D. 62,63년에 기록되었다. 이에 대해 피터 럭크만 목사는 이렇게 말했다. "나는 개인적으로 바울이 회심한 직후에 히브리서를 기록했다고 생각한다. 이렇게 되면 이 책의 주요 부분이 기록된 시기가 A.D. 35년경으로서 신약에서 가장 먼저 기록된 책이 된다. 나는 바울이 시내 산 내지는 아라비아로 내려가 40일 밤낮으로 그의 지식을 쌓았으며(갈 1:17), 의도적으로 자기 자신을 히브리 종교를 버리고 떠난 유대인으로 간주하려 들지 않았을 것으로 생각한다. 우리는 이런 추측을 근거로 히브리서의 기록 시기를 정할 수 있다"(〈럭크만 주석성경〉, 「히브리서 서문」).

날들"을 가리키는 용어로서 "히브리서의 교리적인 위치"(환란 시대)를 보여 준다. 마지막 날들은 일반적으로 어떤 "새로운 날들"이 이르기 전의 "마지막 기간"을 의미하는데, 성경에서는 땅과 모든 피조물이 구속받고 해방되는(롬 8:19-21) 새로운 날들(히 2:5 - 『**오는 세상**』), 곧 "천년왕국"이 펼쳐지기 직전의 마지막 기간으로서 "환란 시대"를 가리킨다.

또한 『**끝까지 견디는 자는 구원을 받으리라.**』(마 24:13)에서 "끝"(the end)은 일정 기간의 끝을 의미하는데, "일정 기간"이란 문맥적으로 "대환란"을 가리킨다. 곧 "대환란의 끝"인 것이다. 『**이는 그때에 대환란**[great tribulation]**이 있으리니, 그와 같은 것은 세상이 시작된 이후로 지금까지 없었으며, 또 결코 없을 것이기 때문이라**』(마 24:21).

성경에서 마지막 날들은 "왕국이 임하기 직전의 기간"을 가리키는 용례로 사용된다. "환란 시대"와 "천년왕국이 시작되는 시점"을 가리킨다(창 49:1, 사 2:2, 미 4:1, 행 2:17, 약 5:3, cf. 벧후 3:3). 예외적으로 디모데후서 3:1에서는 "교회 시대"의 마지막 날들을 의미한다. 『**또 이것을 알라. 마지막 날들에 아주 어려운 때가 오리라**』(딤후 3:1).

또한 성경에서 마지막 날들은 "마지막 때"와 동일한 용례로 사용된다(단 8:17; 11:35,40; 12:4,9, 벧전 1:20, 요일 2:18, 유 1:18). 예외적으로 디모데전서 4:1과 베드로전서 1:5에서 "교회 시대"의 마지막 때를 의미한다. 『**이제 성령께서 분명히 말씀하시나니, 마지막 때에 어떤 자들이 믿음에서 떠나 미혹하는 영들과 마귀들의 교리들을 따르리라**』(딤전 4:1). 『**너희는 마지막 때에 나타내려고 예비하신 구원을 얻기 위하여 믿음으로 말미암아 하나님의 능력으로 보호받고 있느니라**』(벧전 1:5).

"왕국이 임하기 직전의 기간"인 "마지막 날들"은 역사적으로 "두 번" 있게 된다. 첫 번째 "마지막 날들"은 침례인 요한이 "왕국 복음"을 전파하기 시작한 때(마 3:1,2)로부터 스테판이 "왕국 복음"을 전파하다가 순교할 때(행 7:1-60)까지의 기간이다(『**이 마지막 날들에 그의 아들을 통하여 우리에게 말씀하셨으니**』(히 1:2). 두 번째 "마지막 날들"은 교회 시대의 끝(휴거 이후)부터 대환란 끝(재림 직전)까지의 기간이다. 두 기간이 지니는 공통점은 왕국 백성들(유대인들)이 왕국이 임하기를 바라보며 기다린다는 것과 왕국 복음이 전파되고 표적이 나타난다는 것 그리고 율법과 그에 따른 행위가 요구되는데, 곧 구원에 있어서 믿음과 더불어 "행위"가 강조되는 것이다.

> 첫 번째 마지막 날들(초림)은 유대인들이 왕과 왕국을 거부함으로써 지나가 버렸고, 현재는 장차 다가올 두 번째 마지막 날들(재림)만 남아 있다.

히브리서는 "마지막 날들"을 사는 히브리인 성도들이 대환란이 끝날 때까지 "믿음"과 "인내의 행위"로 구원을 끝까지 지켜서 천년왕국의 안식에 들어갈 수 있도록 경고와 위로를 주기 위해 기록되었다.

2. 히브리서의 주제

내면적인(일반적인) 주제는 "대제사장이신 주 예수 그리스도"(히 2:17; 3:1; 4:14,15; 5:5,10; 6:20; 7:26; 8:1; 9:11; 10:21 등)이다.

외면적인 주제는 "더 좋은 것들"(비교급, "better" - "더 나은," 히 1:4; 6:9; 7:7,19,22; 8:6; 9:23; 10:34; 11:16,35,40; 12:24)이다.

이러한 비교는 예수 그리스도를 향해 적용되고 있는데, 곧 예수 그리스도께서는 다른 어떤 것들(존재들)보다도 훨씬 월등하신 분이며, 예수 그리스도께서 제시하시는 것은 다른 어떤 것들보다도 더 월등히 좋은 것들임을 보여 주는 것이다. <u>특히 예수 그리스도의 월등하신 모습은 "대제사장 직분"에서 더욱 두드러진다</u>.

장	주 제
1장	모든 천사보다 우월하심
2장	첫 번째 아담보다 우월하심
3장	모세보다 우월하심
4장	(더 좋은) 천년왕국의 안식
5장	구약의 대제사장들보다 우월하심
6장	더 좋은 일들, 더 위대한 분
7장	더 좋은 소망, 더 좋은 언약의 보증
8장	더 좋은 약속
9장	더 크고 더 온전한 성막과 희생제사
10장	더 심한 형벌, 더 좋고 영구한 재산
11장	더 나은 제사, 더 좋은 본향 더 큰 재물, 더 좋은 부활
12장	더욱 좋은 것을 말하는 뿌리는 피
13장	(더 좋은) 제단, 더 열심히, 더 속히

3. 히브리서의 특징 : "과도기(전환기)적인 책"

히브리서는 "교회 시대에서 환란 시대로 넘어가는 과도기(전환기)"에 놓여 있는 책이다. 오직 믿음으로 구원받는 "교회 시대의 경륜"과 믿음과 행위, 두 가지 요소를 통해 구원받는 "환란 시대의 경륜," 곧 "두 경륜"과 "두 대상"(교회와 유대인)에 해당하는 "두 가지 교리"(교회 시대의 교리와 환란 시대의 교리)가 공존하고 있다.

〈교회 시대와 환란 시대의 교리적 차이〉

시 대	교회 시대	환란 시대
구원받는 방법	오직 믿음으로만 [구원의 영원한 보장]	믿음과 인내의 행위 [구원을 잃어버릴 수 있음]
성령의 역사	영원히 떠나지 않으심 (내주하심)	떠나실 수 있음 (구약 시대와 동일)
교회의 위치	지상에 거함	지상에 거하지 않고 하늘로 휴거됨
역사의 중심	교회(지상에 거하기 때문)	유대인(구약 시대와 동일)
복음	은혜의 복음	왕국 복음(천국 복음)
복음의 주요 내용	예수 그리스도의 죽음, 장사, 부활	예수 그리스도의 왕 되심과 통치
표적과 이적	표적과 이적이 수반되지 않음	표적과 이적이 수반됨
복음의 전파 대상	이방인과 유대인 (주로 이방인)	유대인 (이방인 - 영원한 복음, 계 14:6)
통치 방법	영적으로 다스리심	왕국과 관련하여 실제로 다스리심

NOTES

제2과

하나님의 인격의 정확한 형상(1장)

『그는 이처럼 천사들보다 더 월등하게 되셔서 그들보다 훨씬 뛰어난 이름을 유업으로 받으셨느니라』(히 1:4).

히브리서의 장엄함

히브리서의 처음 "네 구절"(1-4절)은 성경의 "장엄한 구절들" 중의 하나로서, 그 장엄함은 창세기 1:1과 요한복음 1:1-3의 장엄함과 맞먹는다. 신성과 거룩한 영광 속에 계시는 예수 그리스도께서는 우주의 창조자이시요, 보존자이시며, 상속자이시다. 단번에 인간의 죄들을 정결하게 하시어 영원한 구원을 주셨고, 영원무궁한 보좌에 앉아 영원한 왕국을 통치하시는 영원하신 하나님이신 것이다. **『그러나 아들에게 말씀하시기를 "오 하나님이여, 주의 보좌는 영원무궁하며 주의 왕국의 홀은 의의 홀이니이다』**(히 1:8).

모든 면에서 우월하신 예수 그리스도

1. 예수 그리스도께서는 "만물의 상속자"로서 모든 천사들보다 훨씬 더 우월하시다(1,2절).

『만군의 **주**가 이같이 말하노니, 조금 있으면 하늘들과 땅과 바다와 육지를 내가 또 한 번 흔들 것이요… 내가 하늘들과 땅을 진동시키고』(학 2:6,21 cf. 히 12:26).

마지막 날들인 환란 시대의 끝, 곧 재림 직전에 "하나님의 아들"께서 말씀하실 때(2절), 하늘들과 땅이 흔들릴 것이다.

유다 지파의 사자(계 5:5)이신 예수 그리스도께서 시온에서 포효하시고 예루살렘에서 음성을 내실 때 하늘들과 땅이 진동하게 된다(욜 3:16).

하나님의 기병들이 흰말을 타신 예수 그리스도의 뒤를 따라 우주를 가로질러 이 땅에 내려올 때(계 19:11-14) 온 우주가 흔들릴 것이다(욜 2:1-11). 하늘들과 땅을 진동시키며 이 땅으로 내려오실 때, "만물의 상속자"(2절)로서 모든 만물을 유업으로 받으시고 천년왕국을 세우시어 이 땅을 통치하시게 된다.

2. 예수 그리스도께서는 "만물의 창조주"로서 모든 천사들보다 우월하시다 (2,3,10-12절).

만물의 상속자께서는 세상들을 지으신(2,10절) "**창조주**"이시고(요 1:3), 만물을 붙들고 계시는(3절) "**보존자**"이시며(벧후 3:7), 우주의 모든 구성요소를 맹렬한 불로 태우시고 "**멸망시키시는 분**"이시다(11,12절, 벧후 3:10-13).

하나님의 "**영광의 광채**"(3절)이신 주님께서는 "의의 태양"(말 4:2)이시고, 어떤 사람도 접근할 수 없는 빛 가운데 거하시는(딤전 6:16) "참 빛"(요 1:9)으로서 **재림 때 찬란한 빛을 발하실 것이다**(시 50:1,2; 67:1; 80:1, 사 9:1,2, 마 16:28-17:2).

예수 그리스도께서는 "**하나님의 인격의 정확한 형상**"(the express image of his person, 3절)이시다. "하나님의 형상"(창 1:27; 9:6)은 "**주 예수 그리스도**"이시다(골 1:15; 3:10). "**하나님의 형체**"(빌 2:6)로 계시는 예수님께서는 초림 때 인간의 눈에 보일 수 있도록 "**하나님의 형상**"(골 1:15)으로 이 땅에 나타나셨다. 아버지의 품 안에 계신 독생자께서는 보이지 않으시는 하나님을 분명하게 밝히셨다. 『**나와 나의 아버지는 하나니라**』(요 10:30). 즉 예수님께서는 보이지 않는 하나님의 "**보이는 형상**"이신 것이다.

세상은 "하나님의 형상"이신 예수님을 알아보지 못했고 십자가에 못 박아 죽였는데, 이는 이 세상의 신인 마귀가 그들의 마음을 어둡게 해 버렸기 때문이다. 『**그들 가운데 이 세상의 신이 믿지 않는 자들의 마음을 어둡게 하여 하나님의 형상이신 그리스도의 영광스러운 복음의 광채가 그들에게 비치지 못하게 하느니라**』(고후 4:4).

하나님의 인격의 정확한 형상이신 예수님께서는 "육신으로 나타나신 신격" 이셨고(딤전 3:16), "몸의 형태로 거하신 신격"이셨다. 『**그분 안에는 신격** [Godhead]**의 모든 충만함이 몸의 형태로 거하시나니**』(골 2:9). **곧 하나님의 영, 혼, 몸이 예수 그리스도 안에 몸의 형태로 거하시는 것이다.**

성경에서 예수 그리스도께서 하나님의 오른편에 앉아 계시지 않고 서 계셨던 유일한 사건이 나오는데, 바로 스테판이 순교할 때였다(행 7:55,56). 이것은 순교하는 스테판을 맞이하기 위해 서 계신 것이 아니라, 이 땅에 내려오시기(재림하실 준비) 위해 서 계신 사건이었다. 만일 유대인들이 스테판의 설교를 듣고 예수님을 메시아로 받아들였다면 예수 그리스도께서는 이 땅에 재림하셨을 것이다. 그러나 유대인들이 마지막 기회마저 걷어차 버렸기 때문에, 이제 곧 다가올 "마지막 날들"이 이르기까지는 현 교회 시대에 하나님의 오른편에 앉아 계셔서 성도들을 위해 중보하신다.

예수 그리스도께서는 "죄들을 정결케" 하시고, "높은 곳에 계신 위엄 있는 분의 오른편"에 앉으셨다(3절). "죄"는 하나님만이 정결케 하실 수 있고, 오직 예수 그리스도의 피를 통해서만 정결케 된다(요일 1:7, 엡 1:7, 골 1:14, 히 9:22 등). **왜냐하면, 예수 그리스도의 피는 "하나님의 피"이기 때문이다**(행 20:28). 영원한 피의 속죄제를 드리신 예수 그리스도께서는 현재(교회 시대) "하나님의 보좌 오른편"에 앉아 계신다(히 1:3; 8:1; 10:12; 12:2). 성경에서 "보좌"는 "통치, 권세, 권위, 위엄, 영광 등"을 의미한다.

3. 예수 그리스도께서는 천사들보다 "훨씬 뛰어난 이름"을 유업으로 받으셨다(4,5절).

그 이름은 "주 예수 그리스도"(Lord Jesus Christ)로서 "천사들의 이름들"(가브리엘, 미카엘)보다 뛰어난 이름(4절)일 뿐 아니라 "모든 이름"(빌 2:9-11)보다 뛰어난 이름이다.

하늘 아래에서 인간이 구원받을 수 있는 유일무이한 이름이며(행 4:12), "구원자의 이름"(마 1:21)으로서뿐만 아니라 "왕의 이름"(시 45:17)으로서도 훨씬 뛰어난 이름이다. "훨씬 뛰어난 이름을 유업으로 받으셨다는 것"은 천년왕국 때 이 땅을 통치하실 왕으로서의 이름이 훨씬 뛰어나다는 사실을 보여 준다.

천사들은 "하나님의 아들들"(창 6:2,4, 욥 1:6; 2:1; 38:7)로 불리긴 해도 "낳음을 받은" 적이 없지만(5절), 예수님께서는 성령을 통해(마 1:20, 눅 1:35) 처녀에게서(사 7:14, 마 1:23) 육신으로 태어나신(5절) "독생자"(only begotten Son, 요 1:14,18; 3:16,18, 요일 4:9)이시다.

4. 예수 그리스도께서는 "만물의 통치자"로서 모든 천사들보다 우월하시다(6-8,13절).

천사들은 예수 그리스도께 "경배하고 섬기는 영들과 사역자들"(6,7절, cf. 히 1:14; 2:5)인 반면, 예수 그리스도께서는 "통치하시는 하나님"이시다(8,13절).

"아들 하나님의 보좌"는 영원무궁하며, 그분의 왕국의 홀은 "의의 홀"이다(8절, 시 45:6). "홀(sceptre, 통치권)이 유다 지파에서 떠나지 않을 것인데"(창

49:10), 이는 유다 지파에서 "통치권을 지니신 왕," 곧 주 예수 그리스도께서 나오시기 때문이다. 그분의 통치권은 영적인 통치권일 뿐만 아니라 실제적인 땅의 통치권이기도 하다(삼하 7:12-16, "다윗의 언약").

5. 예수 그리스도께서는 "항상 성령으로 충만하신 분"으로서(요 3:34) 인간 대제사장들보다 우월하시다(9절, 시 45:7).

『그것들은 멸망할 터이나 주께서는 영존하시오니 그것들은 모두 겉옷처럼 낡아지리이다』(히 1:11). 진화론은 만물이 점진적으로 발전(진화)해 간다고 하지만 성경은 멸망한다고 말씀한다. 온 우주가 진화하는 것이 아니라 옷처럼 낡아지고 파멸하는 것이다(마 5:18, 막 13:31, 시 102:26, 벧후 3:7, 계 20:11 등). **『너희 눈을 하늘들로 들어 올리고 그 아래로 땅을 살펴보라. 이는 하늘들이 연기같이 사라져 버릴 것이요, 땅이 옷처럼 낡아지며 거기에 거하는 자들은 같은 모양으로 죽을 것임이라. 그러나 나의 구원은 영원할 것이며 나의 의는 폐기되지 아니하리라』**(사 51:6).

하나님 자신과 그분의 말씀만이 이 모든 멸망하는 우주 위에 홀로 영원하실 것이다. 현재 모든 피조물은 하나님의 법칙에 따라 움직인다. 하나님께서는 그 법을 설정하셨다. 이것은 주님께서 그 법칙을 바꾸기 원하시면 언제든지 바꾸실 수 있다는 것을 의미한다. 왜냐하면, 주님께서는 창조물을 초월해 계시는 분이기 때문이다. **그러므로 하나님께서 온 우주를 심판하시는 그날 이후에도 하나님과 그분의 아들의 왕국은 영원무궁할 것이다**(피터 럭크만의 주석서 〈히브리서〉의 1:11에 관한 주석 내용).

제2과
복습문제

1. 히브리서는 ( )을 사는 "히브리 성도들"(그리스도인들이 아님)을 위해 기록되었다.

2. 히브리서의 "내면적인 주제"는 ( )이신 예수 그리스도이시다.

3. 히브리서는 "과도기(전환기)적인 책"이다. 교회 시대에서 ( )로 넘어가는 전환기에 있는 책인 것이다. 따라서 이 책 안에는 교회 시대의 경륜과 ( )의 경륜, 곧 "두 가지 경륜"에 해당하는 "두 가지의 교리"가 공존한다.

4. 다음은 교회 시대의 경륜과 환란 시대의 경륜을 비교해 놓은 표이다. 빈칸을 채우시오.

시 대	교회 시대	환란 시대
구원받는 방법	오직 ( )으로만 [구원의 영원한 보장]	믿음과 인내의 ( ) [구원을 잃어버릴 수 있음]
성령의 역사	영원히 떠나지 않으심 (내주하심)	떠나실 수 있음 (구약 시대와 동일)
교회의 위치	땅에 거하고 있음	땅에 거하지 않고 휴거됨
역사의 중심	( )	( )

시 대	교회 시대	환란 시대
복음	( )	( )
복음의 주요 내용	예수 그리스도의 죽음, 장사, 부활	예수 그리스도의 왕 되심과 통치
표적과 이적	표적과 이적이 수반되지 않음	표적과 이적이 수반됨
복음의 전파 대상	이방인과 유대인(주로 이방인)	유대인 (이방인 - 영원한 복음, 계 14:6)
통치 방법	영적으로 다스리심	왕국과 관련하여 실제로 다스리심

■ 새롭게 깨달았거나 적용할 내용이 있다면 적어 보세요. ■

NOTES

NOTES

제3과

아담보다 우월하신 예수 그리스도(2장)

『만물을 자신을 위하여 또 자신에 의하여 존재하게 하신 그분께서 많은 아들들을 영광에 들어가게 하시려고 고난들을 통하여 그들의 구원의 대장을 온전하게 하신 것은 당연하도다』(히 2:10).

마지막 아담이신 예수 그리스도

하나님께서는 이 땅의 통치권을 천사들에게 맡기지 않으시고 첫 사람 아담에게 맡기셨다. 그러나 아담이 죄를 지음으로써 세상은 마귀의 수중으로 들어갔고, 인간도 사탄의 통치하에 들어가게 되었다. 이처럼 첫 사람 아담이 잃어버렸던 통치권을, 마지막 아담이신 예수 그리스도께서 회복시키실 것이라는 약속이 성경을 통해 주어졌다. 그리고 이 약속대로 주 예수 그리스도께서는 다윗의 보좌에 앉으시어 이 땅을 통치하실 것이다(눅 1:30-33). 예수 그리스도께서 "인자"로 불리시는 것은 바로 인간에게 통치하라고 주신 땅에 대한 약속을 성취하시는 이름이다. 그분은 초림 때 아담에게 약속되었던 땅을 다시 위임받기 위해 인간(인자)으로서 이 땅에 오셨지만 위임받지 못하셨고 대신 인간으로서 겪어야 할 모든 고통과 시험들을 겪으시고 죽음에까지 순종하셨다. 그러나 예수 그리스도께서는 이제 곧 다시 인자로서 재림하셔서 인간(인자)에게 주어진 이 땅을 차지하시고 왕국을 통치하심으로써 자신에게 주어진 약속을 이루실 것이다.

■ 새롭게 깨달았거나 적용할 내용이 있다면 적어 보세요. ■

첫 사람 아담보다 뛰어나신 예수 그리스도

1. 미끄러져 떨어지지 않도록 주의하라(1-4절)

하나님께서는 천사들을 통해 율법을 제정하시고 그것을 통해 광야를 지나는 이스라엘을 인도하셨다(갈 3:19, 출 32:34). 그 천사들을 통하여 제정하신 율법에 권위가 있었다면, 하나님의 아들을 통하여 말씀하신 내용은 더욱 권위가 있다.

죄를 지으면 대가를 받는다는 것은 동서고금을 막론하고 분명한 원칙이다. 이것이 이스라엘에는 특별히 엄격한 율법으로 제시되었다. 대환란 기간에 자신들이 받은 구원을 인내의 행위를 통해 끝까지 지키지 않았을 때 떨어져 나가는 이유는, 그들이 받은 구원을 소홀히 여겼기 때문이다.

이 복음은 이스라엘 백성들을 천년왕국으로 이끄는 복음으로서, 예수 그리스도에 의해 전파되었고(마 4:17; 10:7), 사도들에게 전달되었으며, "환란 시대"로까지 연결된다(마 10,24장).

<u>하나님께서는 자신의 말씀을 표적들과 이적들, 다양한 기적들과 성령의 은사들로 증거하셨다</u>. 이것은 히브리서가 "장차 임할 세상"(천년왕국)을 준비해야 하는 환란 기간의 히브리인들에게 쓰였다는 증거다(막 16:17-19, 행 5:15,16; 3:1-6, 고전 1:22; 14:22, 고후 12:12).

2. 첫 사람 아담보다 뛰어나신 예수 그리스도(5-18절)

<u>땅의 통치권은 천사들에게 주어지지 않았고, 인간에게 맡겨졌다</u>. 앞으로 임할 천년왕국의 통치권 역시 천사들에게 주어지지 않았다. 그래서 예수님께서는 아담과 같이 인간의 모습을 입고 이 땅을 유업으로 받으시기 위해 오신 것이다(5절).

하나님께서는 첫 사람 아담에게 땅의 통치권을 위임하셨지만, 그가 타락함으로써 통치권을 상실하였고 인간은 사탄의 지배하에 들어가게 되었다. 이처럼 인간이 사탄의 통치하에 들어가게 되었기 때문에 만물은 아직 인간에게 복종하지 않는다. "마지막 아담"이신 예수 그리스도께서 이 땅에 오셔서 인간이 잃어버린 통치권을 회복하시기 전까지 만물은 아직 인간(인자)에게 복종하지 않는 것이다(6-8절).

예수 그리스도께서는 아담과 같은 모습으로 제시되는데, 아담이 천사들보다 조금 낮게 지음을 받은 것처럼(7절) 예수 그리스도께서도 천사들보다 조금 낮아지셨다(9절). 그분의 본질은 생명이시지만 인자로서의 사명을 완수하시기 위해 죽으셨다(9절, 롬 5:14). 그러나 그 일을 완수하신 이후에 주님께서는 영광과 존귀로 관을 쓰셨다.

예수님께서 온전하게 되셨다는 것은 그분의 죽으심을 통하여 구원을 완성하셨다는 의미이다. 이것은 주님께서 고난을 통하여 순종을 배움으로써 이루신 일이다. 예수님께서는 죽음뿐만 아니라 인간이 겪을 수 있는 모든 고난과 유혹 등의 모든 시험을 친히 경험하고 이기심으로써 온전한 구원자가 되신 것이다(10절, 5:8,9).

예수 그리스도께서는 구원의 대장이시다. 이스라엘은 구약에서 여호수아라는 대장을 따라 안식의 땅에 들어갔듯이, 미래의 재림 때도 대장이신 예수님을 따라 안식의 땅으로 들어갈 것이다. 개역성경은 "구원의 주"라고 번역하여 본문의 참된 의미를 가려 버렸다.

예수 그리스도께서 아담과 같은 "인간"(인자)으로서 땅을 차지하시기 위해서는 아담이 실패했던 것을 먼저 회복하셔야 했다. 그래서 영광을 얻기 전에 죽으신 것이다. 피와 살(14절)은 인성을 나타내는 말이다. 주님께서는 성육신하시기 전에 그리고 부활하신 후에도 피가 없으셨다. 그러나 예수님께서 인간이 되실 때는 자녀들과 똑같이 "피와 살"에 참여하셨는데, 그것은 죽음의 세력을 가진 마귀를 멸망시키시기 위함이었다(14절, 눅 24:39). **모든 사람이 죽음을 두려워한다. 하나님께서 그들을 받으신다는 구원의 영원한 보장을 갖지 못한 구약 성도들 역시 죽음을 두려워했다.** 그러나 예수 그리스도께서 죽음을 두려워하여 평생을 노예로 속박된 인간들을 풀어 주셨다(15절, 시 51:11).

예수 그리스도께서는 주의 거룩하신 아들이지만, 천사들과 같은 영적인 몸으로 오시지 않고, 육체를 입은 아브라함의 씨로 또 다윗의 씨로 오셨다(16절, 딤전 3:16).

하나님께서 아브라함에게 유업으로 약속하신 팔레스타인 땅은 아브라함의 자손인 유대인들에게 주실 것이다. 예수님께서는 그 백성의 죄들을 위하여 화해를 이루려고 오셨다. 그러므로 성경에서 "형제들" 또는 "자신의 백성"은 일차적으로 유대인을 말한다(17,18절, 마 1:21, 창 13:14,15; 15:18-21). 그러나 영접하는 자는 누구든지 하나님의 아들들이 되고 예수 그리스도를 통하여 모든 사람이 하나님과 화해하게 되기 때문에(요 1:12, 고후 5:18-21), 이방인을 포함한 모든 백성도 "형제들" 안에 포함된다.

주님께서 우리의 시험과 고난을 도우실 수 있다는 것은, 단지 그분의 능력이 크시기 때문에 도우실 수 있다는 말뿐만이 아니라, 예수 그리스도께서 이 모든 시험을 당하셨기 때문에 고난받는 자들의 마음을 헤아리실 수 있고 또 도우실 수 있다는 말이기도 하다(18절, 4:15).

◆ 구원에 관한 용어들 ◆

① 구원(Salvation) : 넓은 의미로 구속, 중생, 의롭게 됨(칭의), 전가, 양자됨, 거룩하게 됨(성화), 화목, 화해 등의 의미를 포괄하여 사용되나, 일반적으로는 예수 그리스도를 믿을 때 그의 혼이 구원받아 지옥의 형벌로부터 구제되는 것을 말한다.

② 구속(Redemption) : 죄인이 노예 상태에 있었는데 하나님께서 값을 치르고 사셨다는 말이다(마 20:28).

③ 중생(Regeneration) : 성령에 의해 옛 사람 안에 새 사람이 창조되는 것을 말한다(엡 2:1).

④ 전가(Imputation) : 하나님께서 죄인의 죄를 다른 누군가에게 넘기시고 다른 누군가의 의를 그 죄인에게 넘기시는 법률적인 행위를 말한다(고후 5:21).

⑤ 의롭게 됨(칭의, Justification) : 죄인이 자기에게 전가된 예수 그리스도의 의를 신뢰할 때 하나님께서 그를 의롭다고 선언하시는 하나님의 법률적인 행위를 말한다(롬 4:5,25; 8:33, 딛 3:7).

⑥ 화목제물(Propitiation) : 범죄한 부분에 대해서 노여움을 푸는 특별한 보상을 말하는데, 거룩하시며 정의로우신 하나님에게서 사법상의 불쾌함을 제거하는 것을 말한다(요일 2:2; 4:10).

⑦ 양자됨(Adoption) : 죄인이 하나님의 가족의 일원으로 선포되는 법률적인 행위로 죄인의 변화된 지위를 보여 준다. 양자에게는 상속의 권리가 주어진다(롬 8:16,17).

⑧ 거룩하게 됨(성화, Sanctification) : 하나님에 의해, 하나님을 위해 죄로부터 분리되어 거룩한 생활을 하도록 따로 분리되는 것을 말한다. 여기에는 악으로부터의 분리와 하나님께로의 분리를 포함한다(살전 4:3).

⑨ 화해(Reconciliation) : 적대 관계가 청산되고 호전되는 것을 말한다(롬 5:10, 골 1:20).

■ 새롭게 깨달았거나 적용할 내용이 있다면 적어 보세요. ■

제3과
복습문제

1. 대환란 기간에 자신들이 받은 구원을 인내의 행위로 끝까지 지키지 않았을 때 떨어져 나가는 것은 그들이 받은 구원을 소홀히 여겨서 떨어져 나가는 것이다. (O , X)

2. 천국 복음은 처음에는 예수 그리스도에 의해 전파되었고(마 4:17; 10:7) 열두 사도들과 사도 바울에게 전파되었으며 그리스도인들에게 전파되었고 이것은 대환란으로까지 연결되는 복음이다. (O , X)

3. 예수 그리스도께서는 첫 사람 아담이 잃었던 통치권을 회복하시기 위해 오셨다. 그 목적을 위해 아담과 똑같은 사람의 모습으로 오셨고, 죽음을 경험하셨으며 이와 같은 순종을 통해 온전하게 되셨다. (O , X)

4. 히브리서 2:17에서 언급하는 "자기 형제들은" 예수 그리스도를 믿음으로 구원받고 하나님의 자녀로 입양되었으며 유업에 참여하게 되는 그리스도인들을 말한다. (O , X)

■ 새롭게 깨달았거나 적용할 내용이 있다면 적어 보세요. ■

NOTES

제4과

살아 계신 하나님에게서 떨어지지 말라(3장)

『형제들아, 너희 중에 아무도 믿음 없는 악한 마음으로, 살아 계신 하나님에게서 떨어지지 않도록 주의하라』(히 3:12).

출애굽 여정과 천년왕국의 안식

출애굽의 여정은 예수 그리스도의 재림과 더불어 천년왕국의 안식의 땅으로 들어가는 미래의 사건의 모형이다. 과거에 유대인들이 일정 기간 광야에서 시험을 받았듯이, 미래에도 일정 기간 시험을 받을 것이다. 적그리스도가 정치, 경제, 군사를 장악하고 공권력을 행사하면서 "의식주"를 비롯한 모든 필요를 손에 쥐고 화합을 강요하거나 회유할 것이다. 하나님께서는 그 시험을 통과해야 할 환란 성도들을 향해 "너희 중에 아무도 믿음 없는 악한 마음으로 살아 계신 하나님에게서 떨어지지 않도록 주의하라."라고 경고하시면서, 모세에 의하여 이집트에서 나온 사람이 모두 멸망한 것이 아니라 약속의 땅으로 들어간 사람들이 있었으므로 믿음과 인내로 끝까지 견뎌서 구원에 이르라고 위로하고 계신다.

모세보다 월등하신 예수 그리스도

모세는 율법을 제시한 선지자로서 유대인들에게 위대하게 여겨지는 인물이었고, 예수님의 초림 당시에도 유대인들에게는 영웅이었다. 유대인들은 자신들이 모세의 제자라는 것을 자랑스러워했으며, 심지어 이방 성읍에서 모세를 전파하는 자들도 있었다(막 12:19, 요 8:5; 9:28,29, 행 15:21).

<u>성경에서 "집"(house)이라는 말은 "사람의 몸"(고후 5:1), 구약의 "성전" 그리고</u>

한 핏줄, 한 민족, 하나의 가족으로서의 "이스라엘"을 표현할 때 사용된다.

모세는 주인의 집을 맡은 "종"으로서 하나님의 집, 곧 이스라엘 집에서 신실하게 섬겼다(출 39:32; 40:19, 레 8:4, 민 12:7). 예수 그리스도께서는 자기 자신의 집에서 "아들"로서 신실하셨다(5,6절).

모세는 예수 그리스도의 모형이다. 왜냐하면 이방인들(이집트)로부터 이스라엘을 구원한 민족적인 구원자이고, 광야에서 이스라엘을 먹인 그 빵은 예수 그리스도께서 오천 명을 먹이신 그 빵의 모형이며, 생명의 빵이신 예수 그리스도의 모형이기 때문이다. 또한 예수님께서는 모세와 같은 한 선지자로서 제시되셨다(신 18:15,18). 그리고 모세가 바위를 쳐서 생수를 주었던 것은, 영원한 생명으로 솟아오르는 샘물을 주시는 반석이신 예수 그리스도의 모형이다.

대환란 기간에 하나님의 집(가족)의 구성원이 되기 위해서는 "끝까지 굳게 붙들어야 한다"(마 24:13,14). 이 기간에는 성령의 동참자가 되었을지라도 "떨어져 나가"(6:4,6) 안식에 이르지 못할 자들이 있고(4:1), "뒤로 물러나" 멸망하게 될 자들도 있다(10:39). 이들은 마태복음 25장에서 어리석은 다섯 처녀로 제시된다.

신약에서 구약의 인물들을 다룰 때 그들의 잘못이나 죄를 다루지 않는데, 이것은 신약에서 발견되는 위대한 "은혜의 교리"이다. 모세는 민수기 20:11에서의 실수로 안식의 땅으로 들어가지 못했다. 그러나 히브리서 3장에서는 그를 신실하다고 말씀하고 있으며, 갈라디아서 4장에서는 사라의 잘못이 간과되고, 마태복음 12장에서는 요나가 위대한 표적으로 제시되며, 야고보서 2장에서는 창녀 라합에게 큰 점수를 주고 있다. 로마서 9:13에서는 야곱의 거짓말이 간과되고 있으며, 히브리서 11장에는 삼손, 기드온, 바락, 입다 등이 그들의 실수에도 불구하고 믿음의 사람이라고 평가되고 있다. 하나님의 판단 앞에서 그들의 잘못들이 간과되고 있는 것이다!

마지막 날들을 위한 경고

모세의 인도로 출애굽하여 약속의 땅에 들어가기까지 광야에서 보낸 40년의 기간은 미래에 천년왕국에 들어가기 전의 "일정 기간"(오늘)에 대한 모형이다. 이들은 조상들이 광야에서 시험을 받았던 것처럼 강력한 미혹과 함께 시험을 받게 될 것이지만, 히브리서의 저자인 바울은 그 시험의 기간을 견뎌 내고 "더 큰 안식"에 들어가라고 촉구한다.

1) 조상들처럼 마음을 완악하게 하지 말라(8,15절, 신 1:26; 6:16, 시 106:33).

2) 하나님을 시험하지 말라(9절, 고전 10:8-12). 사도 바울이 고린도전서 10장에서 말하는 것은, 구원을 잃어버릴 수 있다는 사실을 경고하는 것이 아니다. 그리스도인들도 타락하게 되면, 구약의 유대인들이 출애굽 당시 하나님을 시험하고 반역함으로써 죽임을 당했던 것처럼 "죽을 수 있다"는 경고이다(고전 11:30).

3) 하나님의 진노의 심판을 증명하지도 말고, 보지도 말라(9절).

4) 마음이 미혹되지 말라(10,11절). 카데스 바네아에서 주를 거역함으로써 40년을 광야에서 방황하게 된 이 저주받은 세대는, 당시 20세 이상의 사람들 가운데 여호수아와 칼렙을 제외하고는 아무도 안식에 들어가지 못했다.

5) 믿음 없는 악한 마음을 갖지 말라(12절; 16-19절). 환란 성도들 중에서 과거 출애굽 때 그들의 조상들이 그랬던 것처럼 그들의 불신 때문에 약속의 땅으로 들어가지 못하는 사람들이 생긴다(민 14:8). 그들은 유월절 양의 피를 믿었다. 그러나 율법 이전에 주어진 이 은혜의 역사를 믿고서도 떨어져 나갔다. 히브리서의 저자는 히브리서의 독자들에게 실패한 그들의 조상들처럼 떨어져 나가지 말라고 경고하고 있다. 환란 시대의 유대인들이 천년왕국 기간에 카나안 땅으로 들어가지 못하는 것은 저주를 의미한다.

6) 살아 계신 하나님에게서 떨어지지 않도록 주의하라(12절). "살아 계신 하

나님에게서 떨어진다"는 표현은 구원을 잃어버린다는 강력한 표현이다.

7) **매일 서로 권면하여 아무도 죄의 속임수에 빠져 완악하게 되는 일이 없도록 하라(13절)**. 이때에는 "우리를 시험에 들지 않게 하옵시고, 악에서 구하여 주옵소서," "아버지의 왕국이 임하옵시며"(마 6:10,13)라고 절실하게 기도해야 할 것이다. 악의 실체인 적그리스도가 등장해 있고 죄를 짓게 되면 구원에서 떨어져 나가 다시 회복될 수 없는 이 열악한 상황에서, 그들의 삶을 성결하게 유지하기 위해 그리고 주님의 왕국이 이 땅 위에 하루빨리 임하도록 기도하는 것이다.

대환란 기간에는 천국 복음("회개하라. 천국이 가까이 왔느니라")이 다시 전파될 것이고 표적과 이적이 다시 등장할 것이다(막 16:17-18). 출애굽 당시 이집트에 내려졌던 재앙들이 반복될 것이며(계 11:6; 9:3; 16:2,8,10,13,18,21), 광야에서 초자연적인 방법으로 부양받게 될 것이다(계 12:6, 미 7:14,15). 또한 구약의 모세의 율법이 다시 효력을 발휘하게 되어(말 4:4) 구원을 위해서 믿음과 행위, 두 가지가 모두 요구될 것이고, 끝까지 견디는 자들은 그리스도의 참여자들이 되어(14절) 그들의 조상들에게 약속하신 팔레스타인 땅을 유업으로 받을 것이다(창 15:18-21).

8) **끝까지 견고하게 붙들어 그리스도께 참여하는 자가 되라(6,14절)**. 이집트에서 나온 모든 사람이 반역한 것은 아니었으므로(16절, 민 14:29), 너희도 끝까지 견디라고 위로와 확신을 심어 주고 있다(10:38,39). 개역성경은 "듣고 격노케 하던 자가 누구뇨 모세를 좇아 애굽에서 나온 모든 이가 아니냐"로 변개되어 있다. 즉 대환란을 견딜 수 있는 사람이 아무도 없다는 것이다.

■ 새롭게 깨달았거나 적용할 내용이 있다면 적어 보세요. ■

제4과
복습문제

1. 모세는 주인의 집을 맡은 종으로서 이스라엘 집에 신실하였다. 그러나 예수 그리스도께서는 종이 아니라 자기 자신의 집에서 (   )로서 신실하셨다.

2. 모세는 예수 그리스도의 모형인데, 그가 바위를 쳐서 이스라엘 백성에게 생수를 주었던 그 바위는 죄인들에게 영원한 생명을 주시는 반석이신 예수 그리스도의 모형이다. (O , X)

3. 대환란 기간에는 성령의 동참자가 되었을지라도 떨어져 나가서(히 6:4,6), 안식에 이르지 못할 자들이 있고(히 4:1), 뒤로 물러나 멸망하게 될 자들도 있다(히 10:39). 그래서 이 기간에는 끝까지 (   )는 경고가 주어진다.

4. 대환란을 겪는 유대인들을 위한 위로의 말씀은, 이스라엘의 모든 사람이 광야에서 잠든 것이 아니라 약속을 따라 카나안 땅에 들어간 자들이 있었던 것처럼 이 환란을 통과하여 왕국에 들어갈 수 있다고 격려하는 것이다. (O , X)

■ 새롭게 깨달았거나 적용할 내용이 있다면 적어 보세요. ■

NOTES

NOTES

제5과

하나님의 경륜에 따른 구원 방법

『네가 진리의 말씀을 올바로 나누어 자신이 하나님 앞에 부끄럽지 않은 일꾼으로 인정받도록 공부하라』(딤후 2:15).

경륜에 따라 다른 구원 방법

하나님의 경륜과 구원 방법

율법 이전 시대				율법 시대	교회 시대	교회 이후 시대	
무죄 시대	양심 시대	인간 정부	약속 시대	율법 시대	교회 시대	대환란	왕국 시대
행위	양심에 따른 믿음과 행위			유대인 율법 (믿음+행위) 이방인 양심 (믿음+행위)	믿음	믿음 + 행위	행위

1. 율법 이전 시대의 구원 방법

1) <u>무죄 시대의 경륜</u> : 아담에게는 한 가지 부정적인 명령, 곧 『**선과 악의 지식의 나무에서 나는 것은 먹지 말라. 네가 거기서 나는 것을 먹는 날에는 반드시 죽으리라.**』(창 2:17)라는 명령이 주어졌는데, <u>이것은 그의 구원이 "행위"에 근거하고 있음을 보여 준다</u>. 여기에는 어떤 믿음도 연관되어 있지 않았는데, 이는 그가 하나님을 직접 "눈으로" 볼 수 있었기 때문이다(cf. 고후 5:7).

2) <u>양심 시대, 인간 정부 시대, 약속 시대의 경륜</u> : "왕국"에 대한 관점으로 볼 때 하나님의 경륜에 따라 시대가 구분되기는 해도, 구원받는 방법에서는 관

점이 같았으니, 곧 "양심"과 하나님이 계시해 주신 "빛" 아래에서 "믿음과 행위"를 통해 구원을 받은 것이다. "양심"은 선과 악을 알게 하는 지식의 나무의 열매를 먹음으로써 생겨났는데, 이 양심에 심긴 하나님의 법이 행위의 옳고 그름이나 심판의 기준과 판단 근거가 되었다.

하나님께서는 구약의 어떤 이방인이 양심에 따라서 올바른 삶을 살았고 계속해서 옳은 일을 행했을 경우 그에게 영원한 생명을 주셨다(롬 2:7). 즉 아벨, 에녹, 노아, 아브라함 등은 믿음으로 말미암아 은혜로 구원을 받았음과 동시에 올바른 행위들을 통해(히 11:7-9,17-19) 그들에게 올바른 종류의 믿음이 있었음을 보여 주어야 했다(약 2:21-24). 그래서 히브리서 11:7에서는 "노아"가 "믿음으로" 아직 보지 못한 일들에 대해 하나님의 경고하심을 받고 두려움으로 "행하여" 방주를 예비함으로써 자기 집안을 구원하고 의의 상속자가 되었다고 말씀한다. 또한 "아브라함"은 창세기 15장에서 "믿음을 통해" 의로 여겨졌을 뿐만 아니라, 창세기 22장에서 이삭을 제물로 바침으로써 그 "행위로" 의롭게 되었다. 창녀 라합 역시 "믿음과 행위"(수 2:11, 히 11:31, 약 2:25)를 통해 의롭게 되었다.

2. 율법 시대의 구원 방법

1) 유대인 : 양심 시대와 마찬가지로 믿음과 행위에 따라 판단을 받고 구원을 받지만, 이때 행위의 기반이 되는 것은 "양심"이 아니라 구체적으로 제시된 법령인 "율법"이다. 율법은 신정 통치 왕국인 이스라엘의 통치 기틀이 되는 법령임과 동시에 각 개인이 하나님 앞에서 행해야 할 율례들이었다. 율법 전체를 지키다가 하나를 범하면 전체를 범한 것이 되고(약 2:10), 율법에 기록된 모든 것을 계속해서 행하지 않으면 저주를 받을 수 있기에(갈 3:10), 단순히 율법의 행위들을 지키는 것만으로는 의롭게 되기가 쉽지 않았다. 이런 이유로 율법 안

에는 "제사에 관한 법"이 들어 있어서 죄를 지은 사람이 "용서받을 수 있는 길"도 제시되었으니, 곧 "동물의 피"를 통해 용서받은 것이다.

2) 이방인 : 여전히 "양심 시대"가 계속되고 있기에 양심에 따른 믿음과 행위를 근거로 심판을 받는다(롬 2:12-16).

3. 교회 시대의 구원 방법

유대인이든지 이방인이든지 하나님의 전적인 은혜 가운데서 "오직 믿음으로만" 구원을 받는다(행 15:11, 롬 3:28, 갈 2:16). 믿음이란, 하나님의 존재에 대한 믿음이나(약 2:19) 예수님의 가르치심(사복음서)에 대한 믿음을 말하는 것이 아니고, 죄인인 자기 자신을 위해 피를 흘려 주신 예수 그리스도를 믿는 믿음이어야 한다(고전 15:1-4). 구원에 관한 한 구약의 율법은 더 이상 효력을 발휘하지 못한다. 어떤 "선행"으로 구원받는 것이 아니므로, 행위에 따라 구원을 잃어버릴 수 없으며 구원이 영원히 보장된다.

4. 교회 시대 이후의 구원 방법

1) 환란 시대의 경륜(과도기) : 그리스도의 몸인 교회가 휴거된 이후 "환란 시대"에는 예수 그리스도를 믿는 믿음과 더불어 율법의 행위가 있어야 구원을 받을 수 있다(계 6:9; 7:14; 12:11,17; 14:12; 15:3). 인내의 행위로 끝까지 견뎌야 구원받을 수 있으며(마 24:13), 예수 그리스도의 피가 흘려진 이후이기 때문에 한 번 구원을 잃어버리고 나면 다시는 구원을 받을 수도 없다(히 6:4-6). 특히 유대인들에게는 "천국 복음"(왕국 복음)이 전해지고, 이방인들에게는 "영원한 복음"이 전해진다(계 14:6).

2) 왕국 시대의 경륜(메시아 시대의 경륜) : 믿음은 필요가 없고, 오직 "행위"

를 통해서만 구원을 받는다. 산상설교에 명시된 것처럼 구약의 율법을 지키듯이 왕국 시대의 법령을 지켜야 한다. 그렇지 않으면 손이 잘리고 눈이 뽑히고 불못에 던져지는 처벌을 당하게 될 것이다(마 5:29,30).

■ 새롭게 깨달았거나 적용할 내용이 있다면 적어 보세요. ■

NOTES

제6과

성도들에게 주어지는 더 좋은 안식(4장)

『복음을 전해 들은 것은 그들이나 우리나 마찬가지나, 전파된 말씀이 그들에게 유익을 주지 못한 것은, 그것을 들은 자들이 믿음을 결합시키지 못했기 때문이라』(히 4:2).

하나님께서 약속하신 안식에 들어가려면(1-11절)

1. 히브리서 4장의 안식에 들어가려면 "힘써야" 한다.

『그러므로 우리가 그 안식에 들어가도록 힘써야 하리니 이는 아무도 똑같은 믿음 없음의 본에 빠지지 않게 하려 함이라』(히 4:11).

히브리서 4장의 안식은 기본적으로 그리스도인의 영적 안식과 다르다. 그리스도인의 영적 안식은, 『수고하고 무거운 짐진 자들아, 다 내게로 오라. 그러면 내가 너희에게 쉼을 주리라.』(마 11:28)라고 말씀하고 있는 것처럼 그리스도인이 예수 그리스도 안에서 누리는 영적 안식을 말한다.

이 안식은 "힘쓰는" 안식과 관계가 없다. 어떠한 수고도 필요가 없다. 죄인들은 단순히 예수 그리스도 앞에 나아가 그분이 흘리신 피를 신뢰하고, 그분께서 십자가에서 완성해 놓으신 일 안에서 쉬기만 하면 된다.

2. 히브리서 3,4장에서는 "네 가지 안식"이 발견된다.

1) <u>최초의 안식</u>

『어느 곳에선가 일곱째 날에 관해서 이렇게 말씀하시기를 "하나님께서 일곱째 날에 그의 모든 일에서 쉬셨느니라." 고 하셨으며』(히 4:4).

<u>이것은 재창조 때 하나님께서 6일 동안 창조하시고 7일째에 쉬신 것을 가리</u>

킨다(창 2:2,3). 하나님 자신이 쉬신 이 "안식"(rest)을 기초로 해서 하나님께서는 시내 산에서 모세에게 "안식일"을 주셨다(출 20:10,11). 그리고 이 안식일은 이스라엘 백성에게 하나의 "표적"이 되었다. 『**또 내 안식일들을 거룩하게 하라. 그 안식일들은 나와 너희 사이에 표적이 되리니 이는 내가 주 너희 하나님인 것을 너희로 알게 하려 함이라**』(겔 20:20, cf. 출 31:13).

이 표적의 목적은 그들이 안식일을 지킴으로써 그들이 하나님의 백성임을 알게 하는 것에 있다. 그래서 배교한 교회들이 "주일"이라고 불리는 일요일에 안식일의 개념을 적용하여 지키는 것은 비성경적이다. "안식일"은 시내 산에서 하나님과 이스라엘 백성 사이에 맺어진 표적이기 때문이다.

최초의 안식은 장차 이루어질 천년왕국의 예표가 된다. 재창조 주간 7일을 각각 1천 년씩 계산하는 것을 "칠칠 체계"라고 하는데, 6일 동안의 창조를 인류 역사 6천 년으로 계산하면 마지막 일곱 번째 날은 일곱 번째 천년, 곧 천년왕국을 예표하게 된다.

2) 팔레스타인의 안식

『어느 곳에선가 일곱째 날에 관해서 이렇게 말씀하시기를 "하나님께서 일곱째 날에 그의 모든 일에서 쉬셨느니라."고 하셨으며』(히 4:4).

팔레스타인의 안식은 광야에서 40년 동안 방황하였던 이스라엘 민족이 여호수아의 인도로 카나안 땅에 들어간 안식이다. 그때 백성들 대부분이 믿음에서 떨어져 나가 안식의 땅에 들어가지 못했다. 이 안식은 이스라엘이 카데스 바네아에 있을 때(민 13,14장) 제시되었으나, 열 명의 정탐꾼들이 믿음 없이 나쁜 소식을 전하고(민 13:32) 백성들이 그 나쁜 소식에 귀를 기울임으로써 거부되었다. 히브리서 3장과 4장은 주로 이 사건과 비교하면서 미래의 재림 때 안식에 들어갈 대환란 기간의 유대인들에게 경고하고 있다.

이 안식도 미래에 있을 천년왕국에서의 안식의 예표가 된다. 대환란 끝에 주님께서 재림하시면 이스라엘은 "여호수아 때처럼" 약속된 팔레스타인 땅에 들어가기 때문이다.

민수기 14장에서 열 명의 정탐꾼이 "나쁜 소식"을 전하는 동안 여호수아와 칼렙, 단 두 사람만 "좋은 소식"을 전했는데(민 14:7-9), 이 좋은 소식을 히브리서 4:2은 "복음"이라고 말한다. 이 복음은 약속의 땅에 들어가는 것과 관련 있으며, 대환란 때 유대인들에게 다시 제시될 것이다. 말하자면 여호수아는 예수 그리스도의 모형이다. 여호수아가 이스라엘의 군대 대장으로서 백성을 이끌고 팔레스타인이라는 안식의 땅으로 들어갔듯이, 그가 예표하는 예수 그리스도 역시 이스라엘의 군대 대장으로서 천년왕국의 팔레스타인 땅으로 백성을 인도하실 것이다(8절; 2:10).

3) 천년왕국의 안식

『만일 예수가 그들에게 안식을 주었더라면 하나님께서 그후에 다른 날을 말씀하지 아니하셨으리라. 그러므로 하나님의 백성에게 한 안식이 남아 있도다. 그의 안식에 들어간 사람은 하나님께서 자기 일에서 쉬신 것같이 그도 자기 일에서 쉬었느니라. 그러므로 우리가 그 안식에 들어가도록 힘써야 하리니 이는 아무도 똑같은 믿음 없음의 본에 빠지지 않게 하려 함이라.』(히 4:8-11).

천년왕국의 안식은 앞선 첫째 안식과 둘째 안식의 원형이 되는 근본적인 안식이다. 재창조 이후 아담의 타락으로 인해 6천 년 동안 고통받아 온 땅은 7천 년째에 죄의 저주로부터 풀려나 안식하게 된다.

이 안식은 이사야 11장에서 사자들이 소처럼 짚을 먹고 어린아이가 독사굴에

손을 집어넣는다는 묘사로 설명된다. 그때에는 모든 것이 평화롭게 될 것이다. UN이 사라지고 민족들의 열망인 평화가 임할 것이다(학 2:7,9). 사람들은 전쟁을 그치고(사 2:4), 온 세상을 미혹하는 마귀가 천 년 동안 갇혀 있을 것이며(계 20:2), 화평의 통치자이신(사 9:6) 예수 그리스도께서 다스리시는 평화의 시대가 도래할 것이다.

현 교회 시대에 예수 그리스도의 피로 거듭난 그리스도인들은 휴거를 거쳐 천년왕국 땅에 들어가 예수 그리스도와 함께 통치할 것이다(롬 8:17, 딤후 2:12, 골 3:24). 그러나 휴거되지 못하고 땅에 남아 있는 사람들은 짐승의 표를 받지 않고 믿음과 더불어 끝까지 지키는 "행위"가 있어야 이 안식에 들어가게 된다. 그때에는 "끝까지 견뎌야 구원받는다"는 행위 구원의 교리가 매우 중요하게 여겨질 것이다(마 24:13, 계 12:17; 14:12).

4) <u>영적 안식</u>

『그의 안식에 들어간 사람은 하나님께서 자기 일에서 쉬신 것같이 그도 자기 일에서 쉬었느니라』(히 4:10).

영적 안식은 예수님께서 십자가에서 다 이루어 놓으신 일 안에서 그리스도인들이 영적으로 쉬는 안식을 말한다. 이 시대의 그리스도인들은 이 안식을 얻기 위해 어떤 수고도 하지 않는다.

히브리서 4:10에서 영적 안식을 찾는 것은 영적 해석상의 문제이다. 단지 "쉬었다"는 말씀을 보고 그리스도인들이 현재 누리고 있는 영적 안식에 대한 원리를 볼 뿐이다.

말하자면 히브리서 4장은 8절부터 11절까지 모두 천년왕국의 안식을 다루고 있다. 문맥적으로 볼 때 그것은 어디까지나 천년왕국의 팔레스타인 땅으로 들어가는 안식이다. 천년왕국의 안식에 들어가서 백성들이 쉬는 것을 말하는 것이다.

3. 히브리서 4:1,2의 "복음"은 은혜의 복음이 아니다.

『그러므로 그의 안식에 들어갈 한 약속이 우리에게 남아 있는 이상, 너희 중에 혹 그것에 이르지 못할 자가 있을까 두려워해야 하리라. 복음을 전해 들은 것은 ① 그들이나 ② 우리나 마찬가지나, 전파된 말씀이 그들에게 유익을 주지 못한 것은, 그것을 들은 자들이 믿음을 결합시키지 못했기 때문이라』(히 4:1,2).

본문에서 제시되는 "그들"은 과거에 모세의 인도로 이집트를 탈출했던 자들이다. "그들"은 결코 사도 바울이 전파했던 것과 같이 예수 그리스도의 죽으심과 묻히심과 부활하심을 전해 듣지 못했다(고전 15:1-4). "그들"이 들은 복음은 "정복 전쟁의 복음"이었다. 즉 "카나안 땅을 정복하라."는 것이었다. 하나님께서 함께 가시니, 카나안 땅에 들어가면 그 땅의 거민을 쫓아내고 그곳에 거할 수 있게 되리라는 기쁜 소식이었다. 말하자면 "전쟁 필승의 복음"이었던 것이다.

2절에서 "그들"이 결합시키지 못한 "믿음"은 "전쟁에서 이길 수 있다는 믿음"이었다. "그들," 곧 출애굽 1세대는 이 믿음이 없었기에 안식에 이르지 못한 것이다. **『그러므로 누군가 거기에 들어가야만 하는 일이 남아 있으나 먼저 복음을 들은 자들은 믿음 없음으로 인하여 들어가지 못한 것이라』**(6절). 2절의 "우리"는 아직 반역하지 않은 미래의 유대인들, 곧 대환란 때의 유대인들을 가리킨다. 이들은 "아직" 거절하지 않았다. 이들 중 많은 사람이 과거처럼 믿음에서 떨어져 나갈 것이지만, 이 중 얼마는 안식에 들어갈 것이다. 하지만 이들에게도 안식에 들어가려면 조건이 필요하다. **『이는 그 일이 세상의 기초가 놓인 때부터 완성되었을지라도, 그가 말씀하시기를 "내가 내 진노중에 맹세하였거니와 '그들이 내 안식에**

들어오려면'이라 하였도다."라고 하신 대로 믿은 우리가 안식에 들어감이라… 여기에서 다시 "그들이 나의 안식에 들어오려면"이라고 하셨느니라. 그러므로 누군가 거기에 들어가야만 하는 일이 남아 있으나 먼저 복음을 들은 자들은 믿음 없음으로 인하여 들어가지 못한 것이라』(3,5,6절).

"우리," 곧 미래의 유대인들도 "그들"처럼 반역하면 안식의 땅에 들어갈 수 없다. 만일 반역하지 않고 행위에 믿음을 결합하여 끝까지 견딘다면 그들에게 천년왕국의 안식이 주어질 것이다. 이 일은 『**그들이 내 안식에 들어오려면**』이라는 말씀에서 보듯이 "조건적"이다. 마음을 완악하게 하여 반역하지 않고(7절), 행위로 끝까지 견디며, 믿음에서 떨어져 나가지 않으면(6:1-6) 안식에 들어가게 되는 것이다.

4. 다윗이 말한 "오늘"은 과거 출애굽 40년의 기간과 맞먹는 미래의 특별한 기간이다.

『또다시 오랜 세월 후에 어떤 날을 정하시어, 다윗 안에서 '오늘'이라 말씀하셨으니, "오늘 너희가 그의 음성을 듣거든 너희 마음을 완악하게 하지 말라."고 함과 같으니라. 만일 예수가 그들에게 안식을 주었더라면 하나님께서 그후에 다른 날을 말씀하지 아니하셨으리라. 그러므로 하나님의 백성에게 한 안식이 남아 있도다』(히 4:7-9).

다윗은 예언자로서 미래의 일을 말하면서 "오늘"이라고 했다. "오늘"은 대환란과 재림을 주로 예언하는 시편에서 다루는 날이기 때문에(시 95:7,8) 다윗의 시대가 아닌 미래의 어떤 날을 가리킨다.

"오늘"은 과거 출애굽 40년의 기간과 맞먹는 미래의 특별한 기간으로, 천국 복음이 전파되는 미래의 "마지막 날들"(1:2), 즉 대환란 기간이다. 이 기간은 과거 출애굽 때 광야에서 유대인들이 시험을 받았듯이, 유대인들이 안식의 땅에 들어가기 위해 다시 시험을 받는 기간이 될 것이다. 그들도 그들의 조상들처럼 복음에 믿음을 결합하지 못하고 반역하면 안식에 들어가지 못하게 될 것이다. 즉 왕국 복음으로 인해 유대인 가족들 간에도 불화가 있을 것인데(마 10:34-36, 미 7:6), 그때 예수 그리스도의 반대편에 선 유대인들은 천년왕국의 안식에 들어가지 못하게 된다.

"오늘"은 과거 출애굽 때 『**예수**』, 곧 "여호수아"가 백성들에게 안식을 주지 못했기 때문에 설정된 또 다른 날이다. 여호수아는 이스라엘을 안식의 땅으로 이끌고 들어가는 군대 대장으로서의 예수 그리스도의 모형이다. 여호수아가 예표하는 예수 그리스도께서 재림하시면 그가 주지 못했던 안식을 주님께서 주실 것이다. 그렇기에 『**그러므로 하나님의 백성에게 한 안식이 남아 있도다.**』라고 말씀하는 것이다. 이 안식은 아직 오지 않았다. "오늘"은 재림하시는 예수 그리스도를 군대 대장으로 모시고 들어가는 미래의 참된 안식의 날을 말하기 때문이다.

우리의 대제사장이신 성육신하신 말씀(12-16절)

1. "하나님의 말씀"께서(12, 13절) 성육신하시어 우리의 대제사장이 되셨다(14-16절).

대제사장이신 예수 그리스도께서는 태초부터 계신 『**말씀**』이셨고(요 1:1-3) 사람으로 나타나셨으나 세상은 그분을 알지 못했다(요 1:10). 『**자기 백성**』인 유대인들마저 거부해 버린 『**말씀**』께서는 그 후로 누구든지 그분을 영접하면 하나님의 아들이 되는 권세를 주고 계신다(요 1:11,12). 바로 이분께서 우리의 대제사장으로 계시면서(14절) 은혜의 보좌로 담대히 나아와 필요한 때에 도우시는 은혜를 발견하라고 초청하고 계시는 것이다(16절). 『**우리의 대제사장은 우리의 연약함을 동정할 수 없는 분이 아니요, 모든 점에서 우리와 마찬가지로 시험을 받으셨지만 죄는 없으신 분이기 때문**』에(15절) 우리의 사정을 알고 도와주실 수 있다.

2. 본문은 교리적으로 "환란 성도들"에게 적용된다.

대환란 기간에는 유대인들 가운데 『**세상 죄를 제거하는 하나님의 어린양**』(요 1:29)에 대해 눈을 뜨는 "남은 자들"이 있을 것인데, 바로 그들에게 자신들의 고백을 굳게 붙들고(14절) 은혜의 보좌로 담대히 나아와 도움을 얻음으로써(16절) 대환란 기간을 끝까지 견디라고 말씀하시는 것이다. 『**이들은 여자들과 더불어 더럽혀지지 아니한 자들이니 이는 그들이 동정들임이라. 이들은 어린양이 어디로 가든지 따라가는 자들로 하나님과 어린양께 첫열매들이 되어 사람들 가운데서 구속을 받았느니라**』(계 14:4).

■ 새롭게 깨달았거나 적용할 내용이 있다면 적어 보세요. ■

제6과
복습문제

1. 히브리서 4장의 안식에 들어가려면 (힘써야 , 쉬어야) 한다.

2. (최초의 , 팔레스타인의) 안식은 광야에서 40년 동안 방황하였던 이스라엘 민족이 여호수아의 인도로 카나안 땅에 들어간 안식이다.

3. 최초의 안식과 팔레스타인의 안식의 원형이 되는 근본적인 안식은 (영적 , 천년왕국의) 안식이다.

4. 히브리서 4:1,2의 "복음"은 (전쟁 승리 , 은혜)의 복음이다.

5. 초림 때 (   )하신 『**말씀**』께서 우리의 대제사장이 되셨다(히 4:12-16).

■ 새롭게 깨달았거나 적용할 내용이 있다면 적어 보세요. ■

NOTES

NOTES

제7과
인간 대제사장보다 우월하신 그리스도(5장)

『이와 같이 그리스도께서도 대제사장이 되시려고 스스로 영화롭게 하지 않으셨고, 오직 그에게 "너는 내 아들이라, 오늘 내가 너를 낳았도다."라고 말씀하신 분께서 하셨느니라』(히 5:5).

대제사장보다 우월하신 예수 그리스도(1-6절)

1. 구약의 대제사장의 특징

구약의 대제사장은 사람들 중에서 택함을 받아 하나님께 속한 일들을 수행했다(1절). 구약의 대제사장은 그 자신도 연약함으로 싸여 있으므로 무지한 자들과 길에서 벗어난 자들에 대해서도 동정할 수 있다(2절). 그도 보통의 사람들처럼 죄를 짓는 존재이기에 백성을 위한 것은 물론, 자신을 위해서도 속죄제를 드린다(3절, cf. 레 4:3-12).

대제사장은 "레위 지파 아론의 계열"에 따라 주 하나님께서 부르신 매우 존귀한 직분이다(4절, cf. 7:11). 그러나 대제사장 직분을 "영원히" 수행하지 못하고 그들 자신도 죄로 인해 죽음을 맞는다. 즉 직분의 유효기간이 짧다. 또한 인간 제사장이 율법에 따라 드리는 동물의 희생제사로는 결코 죄를 제거할 수 없다(10:3,4,10-14, 출 34:7). 이 직분은 유대인들에게만 한정되는 직분이며 그것으로는 아무도 온전케 할 수 없었다. 따라서 필요 때문에 제사장 직분과 율법을 바꿔서 더욱더 우월한 대제사장이 오셔야 했다(7:11,12).

2. 멜기세덱의 계열에 따른 영원한 대제사장 예수 그리스도

예수 그리스도께서는 스스로 존귀를 취하지 않으셨다. 이 점은 구약의 대제사장과 같다. **『이런 존귀는 아무나 스스로 취하는 것이 아니라 아론과 같이 하나님께 부르심을 입은 자라야 하느니라. 이와 같이 그리스도께서도 대제사장이 되시려고 스스로 영화롭게 하지 않으셨고, 오직 그에게 "너는 내 아들이라, 오늘 내가 너를 낳았도다."라고 말씀하신 분께서 하셨느니라』**(4,5절).

동정녀 탄생을 통해 성육신하신 하나님의 아들께서는 아론의 계열이 아닌(유다 지파, 7:13,14), 멜기세덱의 계열에 따른 영원한 대제사장으로 세움을 받으셨다(6절, cf. 5:10; 6:20; 7:11,17,21,28, 시 110:4). 유다 지파에서 나오신 "대제사장"을, 유다 지파 출신이면서도 제사장의 임무가 허용되었던 다윗이 예표한다(삼하 24:25). 영원한 대제사장이신 주님의 동정녀 탄생은 그분이 죄가 없으신 분임을 보여 준다(7:26).

예수 그리스도께서는 대제사장 직분을 "영원히" 수행하실 수 있는 영원한 대제사장이시다(7:23,24). 주님은 연약함에 둘러싸여 있는 인간 제사장들과 달리(2절) 죽을 사람들에(7:8) 속하지 않으셨다. 그분의 직분은 끝없는 생명의 능력에 따라 된 것이기에 온전하다(7:16).

예수 그리스도의 속죄는 구약의 동물 희생제물과 달리 "자신의 몸"을 제물로 드림으로써 단번 속죄의 영원한 구속을 이루었다(10:10,12,14). 왜냐하면, 황소들과 염소들의 피로는 죄들을 제거하는 것이 불가능했기 때문이다(10:4, cf. 요 1:29).

예수 그리스도의 대제사장직은 유대인뿐 아니라 이방인을 위한 직분이기도 하다. 왜냐하면, 그분의 제사장 계열인 멜기세덱은 이방인 제사장이기 때문이다. 멜기세덱은 유대인 제사장이 아니며, 그가 대제사장 직무를 수행하던 창세기 14장에는 야곱의 문자적인 후손인 유대인이 단 한 명도 없었다.

<table>
<tr><th colspan="2">구분</th><th>비슷한 점</th><th>다른 점</th></tr>
<tr><td rowspan="2">모형</td><td rowspan="2">대제사장</td><td rowspan="4">1. 시험을 받음 : 동정할 수 있음
2. 하나님의 특별한 부르심을 입음</td><td>1. 자기를 위한 희생제사를 드림</td></tr>
<tr><td>2. 레위 지파 아론의 계열</td></tr>
<tr><td rowspan="2">원형</td><td rowspan="2">예수 그리스도</td><td>1. 자기를 위한 희생제사가 불필요함</td></tr>
<tr><td>2. 이방인 제사장 멜기세덱의 계열</td></tr>
</table>

영원한 구원의 근원이 되신 그리스도 (7-10절)

예수 그리스도께서는 육체로 계시는 날들 동안 자기를 사망에서 구원하실 수 있는 분께 심한 통곡과 눈물로 기도와 간구를 드렸고 하나님께서는 그의 두려워하심을 인하여 들으셨다(7절). 예수님께서 두려워하신 것은 육체적인 죽음이 아니었다. 주님께서 가능하다면 지나가게 해 주시라고 기도했던(마 26:39) "잔"은 예레미야 25장이나 시편 75:8 등에서 묘사되는 "잔"으로서 죄인들에게 퍼부으시는 "하나님의 진노의 잔"이다.

『이스라엘의 **주** 하나님이 내게 이같이 말씀하시니라. 너는 내 손에 있는 진노의 포도주 잔을 받아서 내가 너를 보내는 모든 민족들로 마시게 하라』(렘 25:15). 『내가 **주**의 손에 있는 잔을 가져다가 **주**께서 나를 보낸 모든 민족들로 마시게 하였으니 즉 예루살렘과 유다의 성읍들과 그 왕들과 그 고관들로 파멸과 경악과 경멸과 저주가 되게 함이 오늘과 같으며... 북쪽 원근에 있는 모든 왕 한 사람 한 사람과 지상에 있는 세상의 모든 왕국들로 *마시게 하였느니라.* 세삭 왕은 그들 뒤에 마시리라』(렘 25:17,18,26). 『**주**의 손에 한 잔이 있으니 그 포도주는 붉고 완전히 혼합되어 있도다. 그가 그것을 쏟으시니 지상의 모든 악인들이 그것의 찌끼를 짜 마시리로다』(시 75:8). 말하자면 예수 그리스도께서는 마치 악인처럼 하나님의 진노를 받아 마시신 것이다!

예수님께서는 죽지 않게 해 달라고 기도하신 것이 아니라 "사망(죽음)으로부터 구원해 주실 것"을 기도하셨고 그 기도는 응답되었다. 왜냐하면, 하나님께서 그의 두려워하심을 인하여 기도를 들으셨다고 말씀하기 때문이다(7절).

예수님께서 응답받으신 기도는 죽음에 머무르지 않게 해달라는 기도였으며, 사망의 고통, 곧 죽음 자체에서 구원해 달라는 기도였다. **『하나님께서 그를 사망의 고통에서 풀어 살리셨으니 이는 그가 사망에 매여 있을 수 없었기 때문이라』**(행 2:24). **『지옥의 슬픔이 나를 에워쌌으며 죽음의 덫이 나를 막았도다』**(시 18:5).

예수 그리스도께서는 고난받은 일로 "순종을 배워" 온전하게 되심으로써 순종하는 모든 사람에게 구원의 근원이 되셨고, 하나님께는 멜기세덱의 계열에 따른 대제사장으로 칭함을 받으셨다(9,10절).

여기서 우리는 무언가를 "배워야 했던" 예수님의 인성을 엿볼 수 있다. 주님께서 인간이 된다는 것이 어떤 것인지를 "경험적으로" 배우신 것이다. 주님께서는 반역의 죄성을 지닌 다른 인간들과 달리 하나님 아버지께 온전히 순종하셨다. 그것도 고난 속에서(2:10), 심지어 십자가에 죽음에까지 온전히 순종하셨다(빌 2:8). 이로써 우리 구원의 대장이신 예수 그리스도께서는 죄인들을 구원하실 수 있는 "온전한"(2:10; 5:8,9) 조건을 갖추신 것이다. 순종을 배우심으로써 구원자로서의 조건을 완성하신 것이다.

멜기세덱에 관한 진리(11-14절)

『멜기세덱에 관해서는 우리가 할 말이 많아도 너희가 듣는 것이 둔하므로 설명하기 어렵도다. 그 때로 보면 너희가 마땅히 선생들이 되었어야 할 터인데 이제 다시 하나님의 말씀의 기초 원리들이 무엇인지를 누군가가 너희에게 가르쳐 주어야 하니, 젖이 필요한 사람들이지 단단한 음식을 필요로 하는 사람들은 되지 못하는도다. 젖을 사용하는 자는 누구나 의의 말씀에 능숙하지 못하나니, 이는 그가 아기이기 때문이요 단단한 음식은 장성한 사람들의 것이니, 그들은 *그 말씀을* 사용함으로 감각들을 단련하여 선악을 분별하는 사람들이라』(히 5:11-14).

교리적으로 이 말씀은 "대환란 기간을 살아가야 할 미래의 히브리인들"에게 적용된다. 환란 성도들은 단단한 음식으로 영적 감각을 단련하지 못하면 선악을 분별하지 못해서 구원을 잃어버릴 수 있다.

영적으로 볼 때, 교회 시대의 그리스도인은 젖의 상태에 머물러 있어도 저주를 받지 않으나, 성숙한 단계로 나아가지 못하면 그리스도를 위한 군사로 싸울 수도 없고, 하나님의 나라에 합당한 일꾼으로 섬길 수도 없다는 것을 보여 준다.

그리스도인은 누구에게든지 진리를 가르칠 수 있는 성경적 실력을 갖추고 있어야 한다(딤후 4:2). 평상시에 말씀으로 영적 감각을 단련시킨 성도는 진리와 비진리 그리고 선과 악을 바르게 분별하여 승리의 삶을 살 수 있다.

신비의 인물 멜키세덱

멜키세덱은 아직까지도 추정만 할 뿐 정확히 누구라고 말하기가 어려운 인물이다. 어쩌면 우리가 듣는 것이 둔하므로(11절) 이 신비의 인물에 대해 아직도 계시해 주지 않으시는지도 모른다.

멜키세덱이 성경에 처음 등장하는 것은 창세기 14장인데, 아브라함이 여러 왕들을 쳐부수고 조카 롯을 다시 찾아올 때 멜키세덱을 만났다(창 14:17,18). 이와 동일한 상황에 대해 신약의 히브리서는 다음과 같이 기술한다. 『**이 멜키세덱은 살렘 왕이며 지극히 높으신 하나님의 제사장으로 여러 왕들을 무찌르고 돌아**

오는 아브라함을 만나서 그를 축복해 주었던 이라. 아브라함도 전체의 십분의 일을 그에게 드렸으니, 그의 이름을 해석하면, 첫째로 의의 왕이요, 그 다음은 살렘 왕, 곧 화평의 왕이라』(7:1).

『**의의 왕**』은 문자 그대로 "멜키세덱"을 해석한 것이며, 『**살렘 왕**』은 그가 "살렘"을 다스리던 왕으로서 『**살렘 왕 멜키세덱**』(창 14:18)이기에 부연 설명한 이름이다. 살렘은 "화평"이라는 뜻이므로 『**살렘 왕, 곧 화평의 왕**』이라고 불린 것이다. 살렘은 예루살렘과 같은 곳으로서, 예루살렘을 다스리는 『**살렘 왕**』과 『**의의 왕**』이라면 당연히 "주 예수 그리스도"를 연상하게 된다.

멜키세덱(멜키 = 왕, 체덱 = 의)은 『의의 왕』과 『살렘 왕, 곧 화평의 왕』으로서 예수 그리스도의 초림과 재림을 예표한다. 즉 초림 때는 주님께서 "의"를 이루려고 오셨고(롬 3:21,22; 10:1-4), 재림 때는 아마겟돈 전쟁을 통해(계 19:11-21) 세상의 전쟁을 그치게 하시고 "화평"을 가져오실 것이다(미 4:1-3, 사 2:1-4; 9:7). 이로써 알 수 있는 "하나님의 원칙"은 "화평보다는 의가 먼저 나타나야 한다"는 것이다. 그리스도인의 사역은 화평보다는 십자가에서 보여 주신 예수 그리스도의 의, 곧 하나님의 의를 먼저 전파하는 것이어야 된다. 죄인의 구원을 위한 하나님의 의를 먼저 전파해야 하며, 그 뒤 이 악한 세상에 화평을 가져오실 주 예수 그리스도의 재림을 가르쳐야 하는 것이다.

멜키세덱이 대표적으로 예표하는 또 한 가지는 "대제사장으로서의 예수 그리스도"이다. 히브리서 7:3은 멜키세덱이 『**하나님의 아들과 같이 되어 항상 제사장으로 있느니라.**』라고 말씀하는데, 멜키세덱의 이 영원성에 근거하여, 예수 그리스도께서 멜키세덱의 계열에 따라 영원한 대제사장이 되셨다고 성경은 말씀한다. 『**너는 멜키세덱의 계열에 따른 영원한 제사장이라**』(시 110:4). 『**선두주자이신 예수께서도 우리를 위하여 그곳으로 들어가시어 멜키세덱의 계열에 따른 영원한 대제사장이 되셨느니라**』(6:20). 멜키세덱은 영원한 대제사장으로서의 예수 그리스도의 예표가 되는 인물인 것이다.

멜기세덱이 신비로운 것은, 그가 아버지도 어머니도 없고, 계보도 없고, 시작한 날과 생의 끝도 없이 『하나님의 아들과 같이 되어』 항상 제사장으로 있으면서 영원히 산다는 점이다. 여기서 엿볼 수 있는 것은 "**하나님의 영원하심**"이다. 하나님께서는 누가 낳은 적도 없고, 나오신 계보도 없지만 홀로 영원히 존재하는 분이신데, 멜기세덱을 통해 하나님의 영원하심을 한 번 더 생각해 보게 되는 것이다.

하나님께서는 인간의 철없는 이성으로는 완전히 이해할 수 없는 분이시며, 오로지 "믿음"을 요구하시는, 영원 전부터 살아 계신 하나님이시다.

시작한 날도, 생의 끝도 없이 항상 제사장으로 있는 멜기세덱조차 설명할 수 없는 우리가, 영원 전부터 살아 계시며 "영원"이라는 처소에 거하시는 분을 어떻게 설명할 수 있겠는가? **『영원에 거하시는 높고 우뚝 솟은 분, 그의 이름이 거룩이신 분이 이같이 말하노라. 나는 높고 거룩한 곳에 거하며 또한 통회하고 겸손한 영을 지닌 자와 함께 거하여 겸손한 자의 영을 소생케 하고 통회하는 자의 마음을 소생케 하는도다』**(사 57:15). **이 영원하신 하나님을 만나는 길은 멜기세덱이 예표하는 "영원한 대제사장"을 믿는 것뿐이다.** 자신의 죄를 통회하고 겸손히 "예수 그리스도"께 나아오면 그 영원하신 하나님께서 받아주시는 것이다!

■ 새롭게 깨달았거나 적용할 내용이 있다면 적어 보세요. ■

제7과
복습문제

1. 인간 제사장이 율법에 따라 드리는 동물의 희생제사로는 죄를 (　　　　　)할 수 없다.

2. 예수 그리스도의 속죄는 구약의 동물 희생제물과 달리 "자신의 (　　　　　)"을 제물로 드림으로써 단번 속죄의 영원한 구속을 이루었다.

3. 예수님께서 겟세마네 동산에서 가능하다면 지나가게 해 달라고 기도했던 잔은 죄인들에게 퍼부으시는 "하나님의 (　　　　　)의 잔"이다.

4. 예수님께서는 고난받은 일로 "(　　　　　)을 배워" 온전하게 되심으로써 순종하는 모든 사람에게 구원의 근원이 되셨다.

5. "멜기세덱"은 『의의 왕』과 『살렘 왕, 곧 화평의 왕』으로서 우리 주 예수 그리스도의 (　　　　　)과 (　　　　　)을 예표한다.

■ 새롭게 깨달았거나 적용할 내용이 있다면 적어 보세요. ■

NOTES

제8과

구원을 잃어버릴 수 있는 환란 성도(6장)

『만약 떨어져 나간다면 다시 새롭게 하여 회개시킬 수 없나니, 이는 그들이 스스로 하나님의 아들을 다시 십자가에 못박아 공개적으로 조롱함이라』(히 6:6).

휴거 이후 대환란 시대의 구원

<u>지금 휴거가 일어나면 세상에는 어떤 일이 벌어질까?</u> 어머니들은 정신없이 아기들을 찾느라 분주할 것인데, 이는 아기들이 덮고 있던 이불만 휑하니 남기고 사라졌기 때문이다. 어떤 CEO가 사무실 문을 열어 보니 비서가 안경만 남긴 채 사라지고 없으며, 갑작스럽게 운전사가 사라진 자동차들은 도로변 여기저기에 처박혀 있다. 비어 있는 병원 침대들, 버려진 작업 현장들, 텅 빈 집들과 교실들, 전 세계 수백만 명의 사람들이 아무런 예고도 없이 한순간에 사라져 버린 것이다. 그 많은 사람이 갑자기 공중분해라도 된 것인가? 적들의 침공이나 UFO의 공격이라도 있었는가? 신종 질병 때문인가?

<u>만일 누군가가 휴거되지 못하고 지상에 남겨졌다면, 그는 광신자처럼 열성적인 노력을 기울여야 구원받을 수 있다.</u> 왜냐하면, 행위가 있어야 구원받을 수 있는 시대로 넘어왔기 때문이다. "환란 시대"라고 불리는 시대로 들어온 것인데, 이 시대에 구원받기 위해서는 예수 그리스도를 믿는 "믿음"에 "행위"가 더해져야 한다(계 12:11; 14:12). 십계명(전 12:13)과 황금률(요일 3:10)을 지키고, 부자는 가난한 사람을 구제해야 한다. 자기 십자가를 지면서 환란 기간을 인내로 끝까지 견뎌야 하고, 예수 그리스도의 재림을 간절히 기다려야 하며, 심지어 자신의 믿음을 지키기 위해 순교할 수 있어야 한다.

환란 시대에는 휴거 이전 시대에 구원받는 것처럼(엡 2:8,9) 은혜만으로 구원받을 수 없다. **『너희는 씻고 스스로 깨끗게 하라. 내 눈 앞에서 너희의 악한 행실을 버리고 악을 행하는 것을 그치라. 선을**

행하기를 배우고 공의를 찾으며, 압제당하는 자들을 구해 주고 아비 없는 자를 판결하며, 과부를 위하여 변호하라』(사 1:16,17). 환란 시대에 하늘나라에 들어갈 수 있는 유일한 길은 율법을 지키고 행하는 것이다.

환란 시대와 환란 성도들

1. 교회가 환란을 통과하지 않는 일곱 가지 이유

"당신도 휴거될 수 있다!" 하나님 앞에서 정직하게 자신이 죄인임을 시인하고, 예수 그리스도께서 인류의 죄를 제거하시기 위해 십자가에서 피를 흘려 죽으시고 부활하신 사실을(고전 15:3,4) 진지하게 마음으로 믿고 입으로 고백하여(롬 10:9,10) 구원받으면 휴거될 수 있는 것이다. 이렇게 믿고 구원받은 그리스도인은 휴거되지 못하고 대환란으로 들어갈 것에 대해 걱정할 필요가 없다! '짐승의 표를 받아 영원한 불못으로 던져지지는 않을까?' 혹은 '끝까지 견디지 못하면 어떡하지?' 하면서 노심초사할 필요도 없다!

지금으로부터 한 세기 전쯤 클라렌스 라킨 목사는 휴거에 대한 소망과 확신을 이렇게 고백했다. "오늘날 우리는 죽음을 맛보지 않을 수 있는 시대에 살고 있다. 죽음의 손길에 의해 육신의 장막을 벗고 수의에 둘러싸여 관 속에 눕는 대신, 눈 깜짝하는 순간에 변화되어 영원히 살 수 있는 영광스러운 몸을 입게 된다는 사실은 얼마나 놀라운 일인가? 영원한 생명이 우리의

몸속에 감도는 것을 느끼고, 공중으로 들림을 받아 주님 안에서 먼저 잠들었던 성도들과 살아서 함께 휴거된 형제자매들을 만나는 순간 얼마나 황홀한 기쁨이 넘치겠는가? 그들과 함께 하늘의 본향으로 들어갈 때 얼마나 성대한 영접을 받겠는가? 그곳에서 우리는 어린양이신 예수 그리스도의 승리를 찬양하는 새 노래를 부르게 될 것이다."

1) 그리스도의 몸인 교회가 "진노(대환란, 재림 때 있을 아마겟돈 전쟁, 영원한 불못에서의 진노)를 받아야 할 이유"가 없기 때문이다. 『**그러므로 이제 그의 피로 의롭게 되었으니 더욱더 우리가 그를 통하여 진노로부터 구원받게 되리라**』(롬 5:9). 『**또 하나님께서 죽은 자들로부터 살리신 그분의 아들, 즉 다가올 진노로부터 우리를 구해 내신 예수께서 하늘로부터 오심을 기다린다는 것이니라**』(살전 1:10).『**이는 하나님께서 우리가 진노를 받도록 정해 놓으신 것이 아니라 우리 주 예수 그리스도를 통하여 구원을 받게 하셨기 때문이라**』(살전 5:9). 『**의로운 자는 고난에서 구원되고 악인[적그리스도]이 그를 대신하여 오느니라**』(잠 11:8).

2) "대환란은 『**야곱의 고난의 때**』(렘 30:7)로서, 자기들의 메시아를 거부한 "이스라엘(야곱)에 하나님께서 심판을 내리시는 기간"이지, 그리스도인들이 심판받는 "교회의 고난의 때"가 아니기 때문이다.

3) 예수 그리스도께서 오실 때 그분의 몸 안에 "속해 있는"(고전 15:23) 모든 성도가 단 한 사람의 예외도 없이 휴거되어야 하기 때문이다(cf. 히 9:28 - 환란 성도들의 휴거).

4) 그리스도의 몸은 어떤 상황에서도 분리될 수 없는 "한 몸"(고전 12:12,13)이기 때문이다.

5) "교회를 예표하는 사도 요한"이 요한계시록 4장에서 셋째 하늘로 끌려 올라간(휴거의 예표) 이후부터 예수 그리스도께서 이 땅으로 재림하시는 19장에 이르기까지 "교회"라는 용어가 등장하지 않는데, "환란 기간"(계 4-19장)에는 교회가 지상에 존재하지 않기 때문이다.

6) 예수 그리스도께서 이 땅에 재림하실 때는 성도들과 "함께" 내려오시는데(계 19:14, 살전 3:13), 그들과 함께 내려오시기 위해서는 그 전에 성도들이 하늘로 올라가야 하는 휴거가(살전 4:17, 솔 2:10,13, 요 14:31) 선행될 수밖에 없기 때문이다.

7) 성경의 모형적인 가르침이 그리스도의 몸인 교회가 환란 전에 휴거된다는 사실을 보여 주기 때문이다. 예수님의 모형인 요셉이 교회의 모형인 이방인 신부 아스낫을 아내로 맞아 들였을 때는 기근(대환란의 예표)이 있기 전이었다. 또한 그리스도의 모형인 모세가 교회를 예표하는 이방인 신부 십포라를 아내로 맞이했을 때는 파라오가 "환란"을 겪기 전이었다. 그리고 에녹은 노아의 대홍수(대환란의 예표) 이전에 죽지 않고 하늘로 올라갔다(휴거).

2. 환란 시대에 구원받는 방법 : "휴거되지 못하고 지상에 남겨졌을 때 해야 할 일"

1) 휴거되지 못한 것에 대한 후회와 불안과 두려운 마음을 가라앉히고 침착하고 냉정하게 "현실"을 직시해야 한다.

2) **<u>예수 그리스도를 "믿고" "선한 행위"를 해야 한다</u>**. 세상 죄를 제거하기(요 1:29) 위해 십자가에 못박혀(히 6:6) 피 흘려 죽으신, "어린양"이신 주 예수 그리스도를 믿어야 한다. 모세의 율법에 따른 십계명과 황금률을 인내의 행위로 지켜야 한다.

『어린양이 다섯째 봉인을 여실 때 내가 보니, 제단 아래에는 하나님의 말씀과 그들이 가진 증거[믿음] 때문에 죽임당한 자들[행위]의 혼들이 있는데』(계 6:9).

『내가 그에게 말씀드리기를 "주여, 당신이 아시나이다." 하니 그가 내게 말하기를 "이들은 대환란에서 나온 사람들이며 자기들의 옷을 씻어[행위] 어린양의 피[믿음]로 희게 하였느니라』(계 7:14).

『그들이 어린양의 피와 자기들이 증거한 말[믿음]로 그를 이겼으니, 그들은 죽기까지 자기들의 생명을 사랑하지 아니하였도다[행위]』(계 12:11).

『그러자 그 용이 여인에게 분노하여 여인의 씨 가운데 남은 자들, 즉 하나님의 계명들을 지키며[행위] 예수 그리스도의 증거[믿음]를 가진 자들과 싸우려고 나가더라』(계 12:17).

『여기에 성도들의 인내가 있으며 여기에 하나님의 계명들[행위]과 예수의 믿음[믿음]을 지키는 자들이 있느니라."고 하더라』(계 14:12).

『그들이 하나님의 종 모세의 노래[행위]와 어린양의 노래[믿음]를 부르며 말하기를 "전능하신 주 하나님, 주의 행하신 일이 위대하고 놀라우니, 성도들의 왕이여, 주의 길은 의롭고도 진실하나이다』(계 15:3).

3) 적그리스도(짐승)와 그의 형상에게 경배하지 말아야 하고, "짐승의 표"를 이마나 손에 절대로 받아서는 안 된다(계 13:14-18; 14:9-11).

4) 경건한 광신자가 되어야 하고 순교자로서 죽어야 한다(계

2:10; 12:11; 14:12,13; 20:4).

누군가가 당신에게 찾아와 "오른손을 들고 '적그리스도가 만왕의 왕이요 만주의 주' 라고 하나님께 맹세하라."라고 하면, 손을 내린 채로 "예수 그리스도만이 주님이시다."라고 고백해야 한다. 그것이 당신의 친구들이나 직장 상관들 그리고 당신을 사랑으로 길러주신 부모님을 대적하는 길에 서 있는 것일지라도 당신은 그렇게 해야 한다. 너무 늦었기에 주님을 위하여 주일의 몇 시간도 포기해서는 안 된다. 환란 중에 성경으로 인해 직장을 잃을 수도 있으며, 믿음에 대한 확신 때문에 재산을 잃을 수도 있으며, 주 예수 그리스도로 인해 당신의 생명을 잃을 수도 있다(피터 럭크만 목사의 저서 〈휴거 이후에 있을 일들〉, p.62).

5) **유대인들을 잘 대하고 지원해 주어야 한다**(마 25:31-46, "민족들의 심판"의 기준). 언제나 유대인을 도와야 한다. 정부와 국가종교에 대항하고, 유대인들의 생명을 구하기 위해서 기꺼이 당신 자신과 가족의 생명까지도 희생해야 한다. 왜냐하면, 유대인들은 하나님의 백성이고, 하나님께서 그들에게 하나님의 복을 주셨기 때문이다(창 12:3, 욥 1:14,15, 사 41:11).

3. 구원을 잃어버릴 수 있는 환란 성도들

환란 성도들은 큰 구원을 소홀히 여기면 미끄러져 떨어져 나갈 수 있다(히 2:1-3). 환란 시대에는 구원을 받았다 하더라도, 자기가 받은 "큰 구원"을 소홀히 여김으로써 인내의 행위로 끝까지 지키지 못하면 떨어져 나갈 수 있고, 그에 따라 "공정한 보응," 곧 지옥의 심판을 받게 된다. [cf. **교회 시대의 성도들 역시 예수 그리스도의 피 값을 통해 "큰 구원"을 받은 성도들이지만, 설령 큰**

구원을 소홀히 여겼다 해도 지옥에 가지는 않는다.]

환란 성도들은 끝까지 굳게 붙들지 못하면 예수 그리스도의 집이 될 수 없다(히 3:6). 환란 시대의 성도들에게는 "구원의 영원한 보장"이 없다(마 24:14). [cf. 교회 시대의 성도들에게는 하나님께서 끝까지 지켜 주신다는 약속이 주어진다(고전 1:8).]

환란 성도들은 믿음 없는 악한 마음을 가지면 하나님에게서 떨어져 나갈 수 있다(히 3:12). 환란 시대의 성도들은 구원받았다 해도 믿음 없는 악한 마음을 갖게 되면 구원을 잃어버릴 수 있다(마 8:12 - 바깥 흑암에 던져져서 울며 이를 갈게 될 "왕국의 자녀들").

환란 성도들은 처음의 확신을 끝까지 견고하게 붙들지 못하면 그리스도께 참여할 수 없다(히 3:14).

환란 성도들은 교회 시대의 성도들처럼 예수 그리스도의 몸으로 연합되지 않기 때문에 언제든지 떨어져 나갈 수 있다. 처음의 확신을 끝까지 확고하게 붙들면"(히 3:14), **이것은 곧 인내로 끝까지 견딘 자에게 약속된 구원의 보장이며**("**조건적**"), 교회 시대의 구원의 영원한 보장과는 전혀 다르다. **교회 시대에는 이러한 조건 자체가 필요 없다**!

5) **한 번 떨어져 나가면 다시는 새롭게 회개시킬 수 없다**(히 6:1-8). 환란 시대의 성도들은 "그리스도에 대한 교리의 기초"(1절)를 통해 진리를 깨우쳐(4절) 구원받고, 하늘의 선물을 맛보고(4절), 성령의 동참자가 되며(4절), 하나님의 선한 말씀과 천년왕국의 능력, 곧 마지막 날들에 천국 복음과 더불어 나타날 표적들을 경험했다 하더라도 **여전히 구원을 잃어버릴 가능성이 있다**(6절).

환란 시대에 예수 그리스도를 믿고 구원받은 사람이 구원을 잃어버리고 나면, **저주를 받아서 다시 회개하고 예수님을 믿고 영접한다 해도 소용이 없게**

<u>된다</u>. 왜냐하면, 그것은 하나님의 아들이신 예수 그리스도를 다시 십자가에 못박아 공개적으로 조롱하는 일이 되기 때문이다.

환란시대에 구원을 잃어버리면 **<u>회개의 기회를 얻지 못한다</u>**(히 12:15-17). "쓴 뿌리"로(신 29:18-20) 인해 더럽혀져서(cf. 히 6:8) 구원을 잃게 되면 다시는 회복되지 못한다(히 6:15).

에서가 팔아 버린 장자권은 아브라함에게 주어진 언약을 상속받을 수 있는 권리를 부여한다. 에서는 장자권을 팔았을 때 "땅에 대한 상속권"(유업)을 포기한 것이었다(16절). 이는 **<u>천년왕국의 안식의 땅에 대한 유업을 잃어버리는 것에 대한 예표이다</u>**. 에서가 눈물로 간절히 구했지만, 회개의 기회를 얻지 못했다(17절). **<u>환란 시대에 구원을 잃어버리면 결코 회복될 수 없다</u>**.

환란 시대에 있을 "두 부류"의 사람에 대한 대조	
적합한 농작물을 내는 땅(7절)	가시와 엉겅퀴를 내는 땅(8절)
인내의 행위로 믿음을 끝까지 지켜서 적합한 열매를 맺은 환란 성도	끝까지 견디지 못하여 믿음에서 떨어져 나간 사람

4. 환란 성도들이 구원을 잃어버리지 않기 위해 노력해야 할 일들

<u>환란 성도들은 그리스도에 대한 교리의 기초를 떠나서 온전함을 향해 나아가야 한다(히 6:1-3)</u>. <u>그리스도에 대한 교리의 기초에 머물러 있는 사람들의 특징</u>은 첫째 듣는 것이 둔하고(히 5:11), 둘째 고기를 먹지 못하고 젖만 먹는 아기의 상태이다(히 5:13). [cf. 그리스도 안에서의 어린 아기(육신적인 사람, 고전 3:1,2)는 "그리스도인"이다.] 셋째로 젖의 상태에만 머물러 있어서 구원을 잃어버릴 수 있는 상태이다(히 6:1-8). 끝으로 교리의 기초를 떠나 온전함을

향해 나아가야 하는 상태이다(1절).

기초를 다진 뒤에는 그 안에 머물러 있지 말고 온전하고 성숙한 상태로 나아가야 하는데(1절), 이는 그리스도께 참여한 자가 됨으로써 떨어져 나가지 않기 위해서이다. 그리스도인은 하나님의 말씀으로 감각을 단련하여 선악을 분별하는 사람이 되어야 한다(히 5:12-14). 단단한 음식으로 감각을 단련하지 못하면 구원을 잃어버릴 수 있는 것이다.

교회 시대를 위한 영적인 적용

① 교회 시대에는 젖의 상태에 머물러 있어도 저주를 받지는 않으나, 성숙한 단계로 나아가지 못하면 그리스도를 위한 군사로 싸울 수도 없고, 하나님의 나라에 합당한 일꾼으로 섬길 수도 없다.

② 어떤 그리스도인이든지 남을 가르칠 수 있는 성경적 지식과 실력을 항상 겸비하고 있어야 한다(딤후 4:2).

③ 평상시에 말씀으로 감각들을 잘 단련시킨 성도들은 진리와 비진리, 선과 악을 바르게 구분하여 영적으로 올바른 것들을 실수 없이 감각적으로 전달할 수 있다.

④ 선악을 분별하는 것은 이 시대에 가장 중요하게 요청되는 덕목이다.

환란 성도들은 더 좋은 일들과 구원과 함께 올 일들이 있음을 확신하고 살아야 한다(히 6:9,10). "**구원과 함께 올 일들**"은 다음 두 가지를 의미한다. **구원을 위해** "인내의 행위와 사랑의 수고"(10절)가 필요하다. 헐벗고 양식이 없는 형제들을 돌보아야 하는 수고의 **행위가 있어야 한다**(약 2:14-17). **대환란 때 "이웃 사랑"은 구원과 직결될 만큼 중요한 행위이다**(cf. 부자와 나사로). **구원의 결과**로 천년왕국의 안식으로 들어간다("구원 + 유업").

환란 성도들은 끝까지 소망의 온전한 확신을 향하여 같은 부지런함을 보여 주어야 한다(히 6:11-20). 부지런히 성도들을 섬기고 형제들을 사랑하는 수고, 곧 이웃 사랑을 계속해서 아끼지 말아야 하고(11절), 이런 일에 관한 한 결코 게으른 자가 되어서는 안 된다(12절).

환란 성도들은 믿음과 인내를 통해 그 약속들을 유업으로 받은 사람들을 따르는 자들이 되어야 한다(12절, 계 14:12). 이를 위한 가장 위대한 본으로서 "아브라함"이 제시된다(13절). 아브라함은 약속들을 유업으로 받은 사람이었는데(창 12,15,17장), 특히 "씨에 관한 약속"에 있어서 "끈기 있게 견딘 후에" 그 약속된 씨를 받을 수 있었다(15절).

환란 성도들은 "혼의 닻"과 같이 확실하고 견고한 소망을 붙들 수 있어야 한다(18,19절).

다시 말해 혼의 닻같이 가진 소망이라고 하는 것은 그 혼의 닻이 내려진 곳에 우리의 소망이 견고하게 박혀 있는 것을 의미하는 것이다. 이 휘장 안은 선두 주자이신 예수 그리스도께서 우리를 위하여 들어가신 곳이다(20절). 즉 우리의 복된 소망이신 예수 그리스도께서(딛 2:13) 휘장 안, 곧 셋째 하늘로 들어가셨고, 지금도 그곳에 계신다(고후 5:1-10).

우리 각자의 혼에는 닻이 하나씩 있는데 그것은 일종의 소망이다. 예수님께서 다시 오셔서 우리를 그곳으로 데리고 가신다는 소망인 것이다(요 17:24). 이러한 소망이 가능한 이유는, 우리의 닻, 곧 소망이 그곳과 그곳에 계신 예수 그리스도께 깊숙이 박혀 있기 때문이다. 이 소망은 너무나 확실하고 견고하여서 사탄이 결코 빼앗아 갈 수 없다. 소망의 감정이나 지식을 빼앗아 갈 수는 있어도 소망 자체는 항상 유효한 것이다. 특히 마지막 날들을 사는 환란 성도들은 이 소망 가운데서 든든한 위로를 얻고 끝까지 인내로 견뎌내야 할 것이다.

『우리가 이 소망을 혼의 닻같이 가졌으니 확실하고 견고한 소망이라. 이로써 우리 혼이 휘장 안에 있는 곳으로 들어가나니 선두주자이신 예수께서도 우리를 위하여 그곳으로 들어가시어 멜키세덱의 계열에 따른 영원한 대제사장이 되셨느니라』(히 6:19,20). "혼"을 "배"로 비유했을 때, 혼은 닻을 가지고 있다. "휘장"(19절)은 땅에 있는 유대인의 성막(성전)의 휘장이 아니라 셋째 하늘에 있는 하늘의 휘장(둘째 하늘과 셋째 하늘 사이에 있는 "깊음")을 가리킨다. 즉 혼이라는 배가 휘장 안, 곧 셋째 하늘을 통과하여 들어갈 수 있도록 그 닻을 휘장 안에 정박해 놓은 상황이다.

■ 새롭게 깨달았거나 적용할 내용이 있다면 적어 보세요. ■

제8과
복습문제

1. 그리스도인이라 할지라도 "환란 시대"를 통과할 수 있으니 대비해야 한다. (O , X)

2. 환란 시대는 믿음과 (　　　　　)로 구원받는 시대이다. 환란 시대의 "구원 계획"은, 예수 그리스도를 믿는 믿음에 자신의 선한 (　　　　)가 더해져야 한다.

3. 환란 시대에 구원받은 성도들이 구원을 잃어버리지 않기 위해서는 그리스도에 대한 교리의 기초를 떠나 (　　　　　)을 향해 나아가야 한다(히 6:1-3).

4. 환란 시대에 구원을 잃어버리지 않으려면 (　　　　　　) 소망의 온전한 확신을 향하여 같은 부지런함을 보여 주어야 한다(히 6:11-20).

5. 『만약 떨어져 나간다면 다시 새롭게 하여 (　　　　　)시킬 수 없나니, 이는 그들이 스스로 하나님의 아들을 다시 십자가에 못박아 공개적으로 조롱함이라』(히 6:6).

■ 새롭게 깨달았거나 적용할 내용이 있다면 적어 보세요. ■

NOTES

복습 문제 정답

제2과

1. 마지막 날들
2. 대제사장
3. 환란 시대, 환란 시대
4. 믿음, 행위, 교회, 유대인, 은혜의 복음, 왕국 복음

제3과

1. O
2. X
3. O
4. X

제4과

1. 아들
2. O
3. 견디라
4. O

제6과

1. 힘써야
2. 팔레스타인의
3. 천년왕국의
4. 전쟁 승리
5. 성육신

제7과

1. 제거
2. 몸
3. 진노
4. 순종
5. 초림, 재림

제8과

1. X
2. 행위
3. 행위
4. 온전함
5. 끝까지
6. 회개

< 추 천 도 서 >

히브리서

피터 S. 럭크만 지음 / 378쪽

20,000원(eBook 14,000원)

히브리서는 교회시대와 환란시대의 과도기적인 책이다. 이 책은 교회시대에 해당되는 본문과 환란시대에 해당되는 본문을 올바로 나누어 분별할 수 있게 해 준다.

열린 성경 닫힌 마음

이송오 목사 지음 / 220쪽

7,000원(eBook 4,900원)

이 책은 성경에 대해 닫혀 있는 눈과 마음을 뜨게 해 주어, 성경을 왜 나누어서 공부해야 하고 어떻게 나누어 볼 수 있는지 알게 해주며, 궁극적으로는 진리와 오류를 분별할 수 있도록 해준다.

어떻게 성경을 가르칠 것인가

피터 S. 럭크만 지음 / 128쪽

3,500원(eBook 2,900원)

가르치는 사람이 성경에 기록된 그대로 믿지 않으면 성경을 올바로 가르칠 수 없다. 이 책은 모든 성경 교사들이 어떻게 성경을 가르쳐야 할지 그 지침을 준다.

세대주의, 성경을 올바로 해석하는 방법

편집부 지음 / 80쪽 / 3,000원(eBook 2,100원)

왜 똑같은 성경에서 여러 가지 해석이 나오는 것인가? 어떤 해석이 올바른 해석인가? 바로 이 책은 성경을 어떻게 읽고 해석할 것인가에 대한 정확한 답변을 제시해 준다.

솔로몬 성경공부 시리즈

히브리서

제1권 구원을 잃어버릴 수 있는가?(1-6장)

초판인쇄 2024년 9월 19일
초판발행 2024년 9월 20일
지 은 이 / 편 집 부
발 행 인 / 박 승 용
발 행 처 / 말씀보존학회
출판등록 / 1988. 12. 12. 제16-223호
주 소 / 서울 강서우체국 사서함 제90호
전 화 / (02) 2665 - 3743
팩 스 / (02) 2665 - 3302
인 터 넷 / www.biblemaster.co.kr